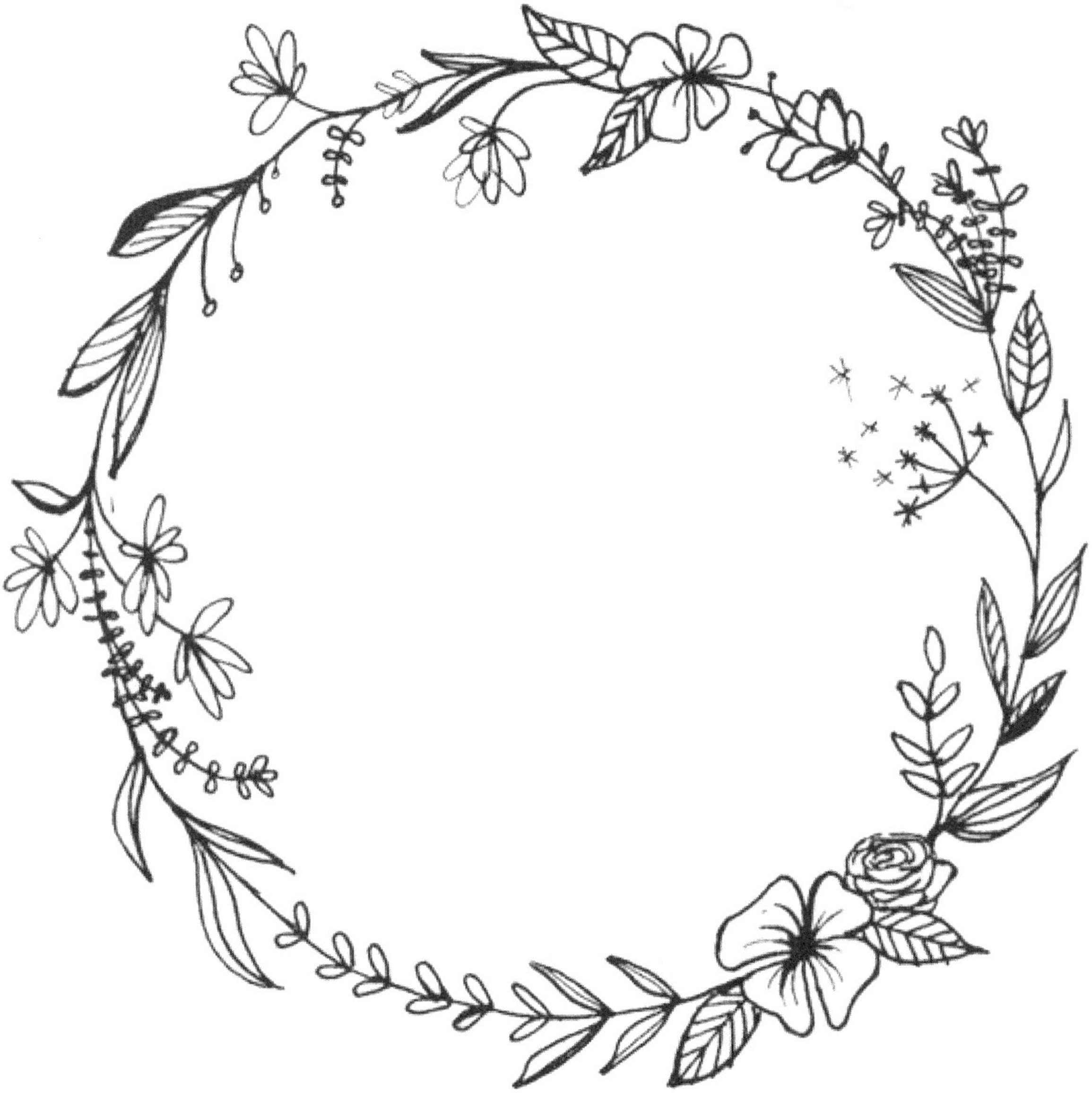

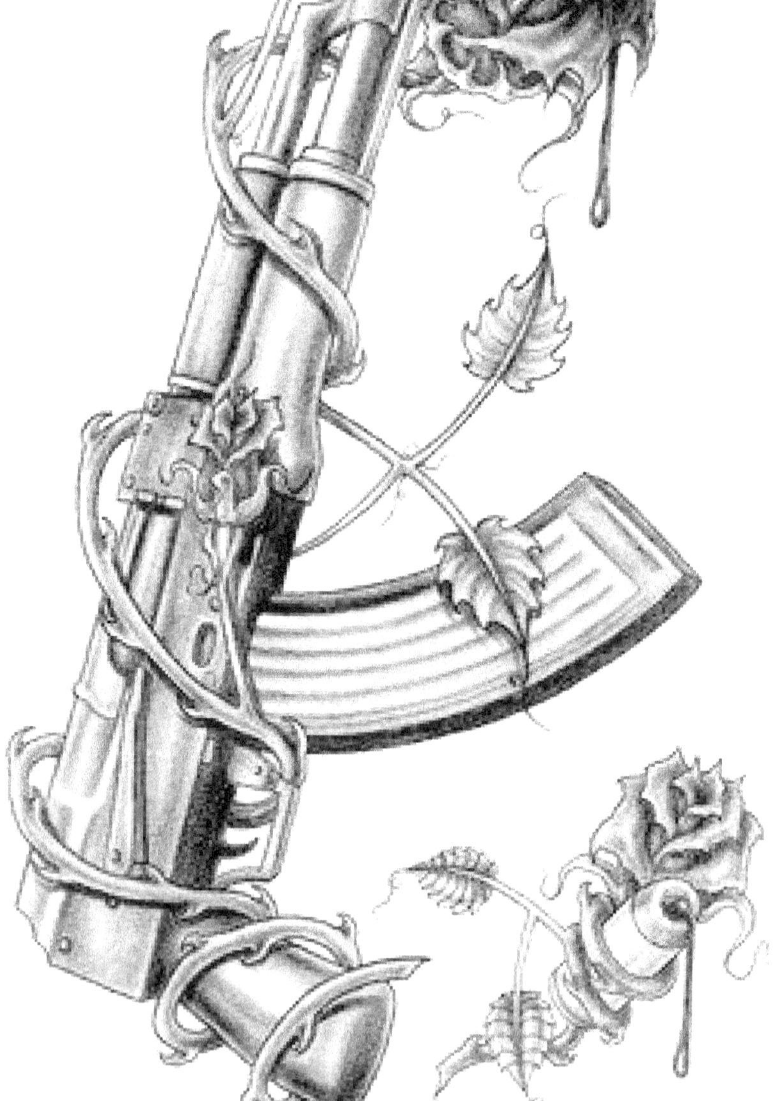

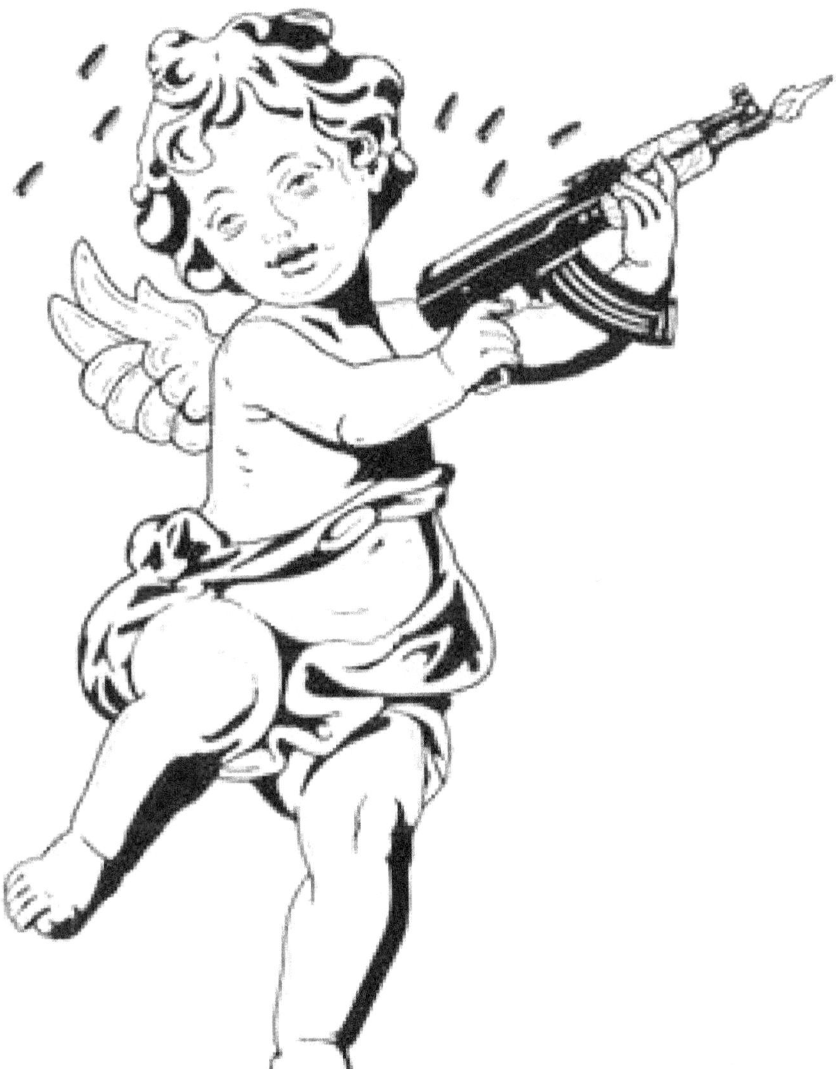

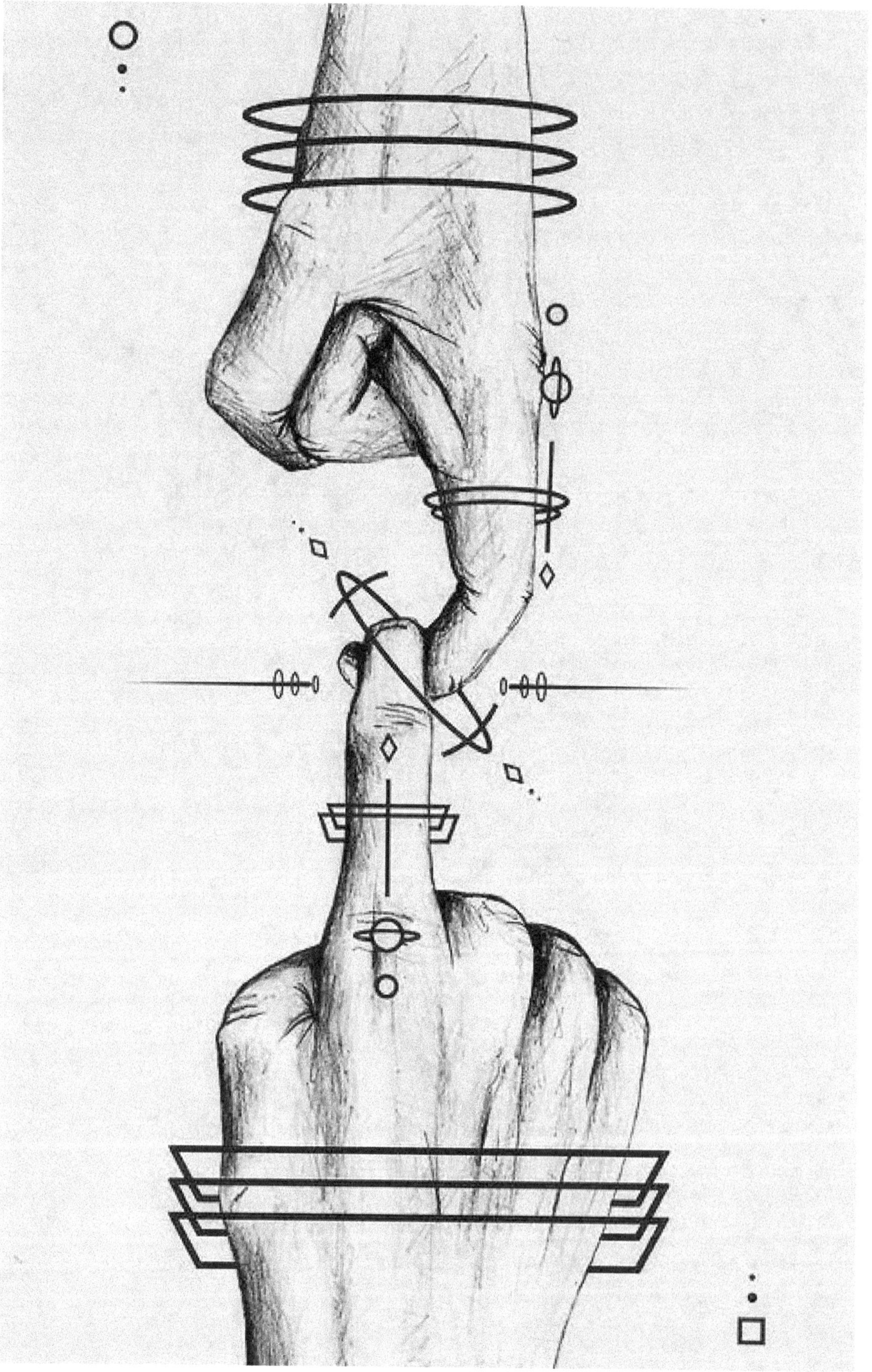

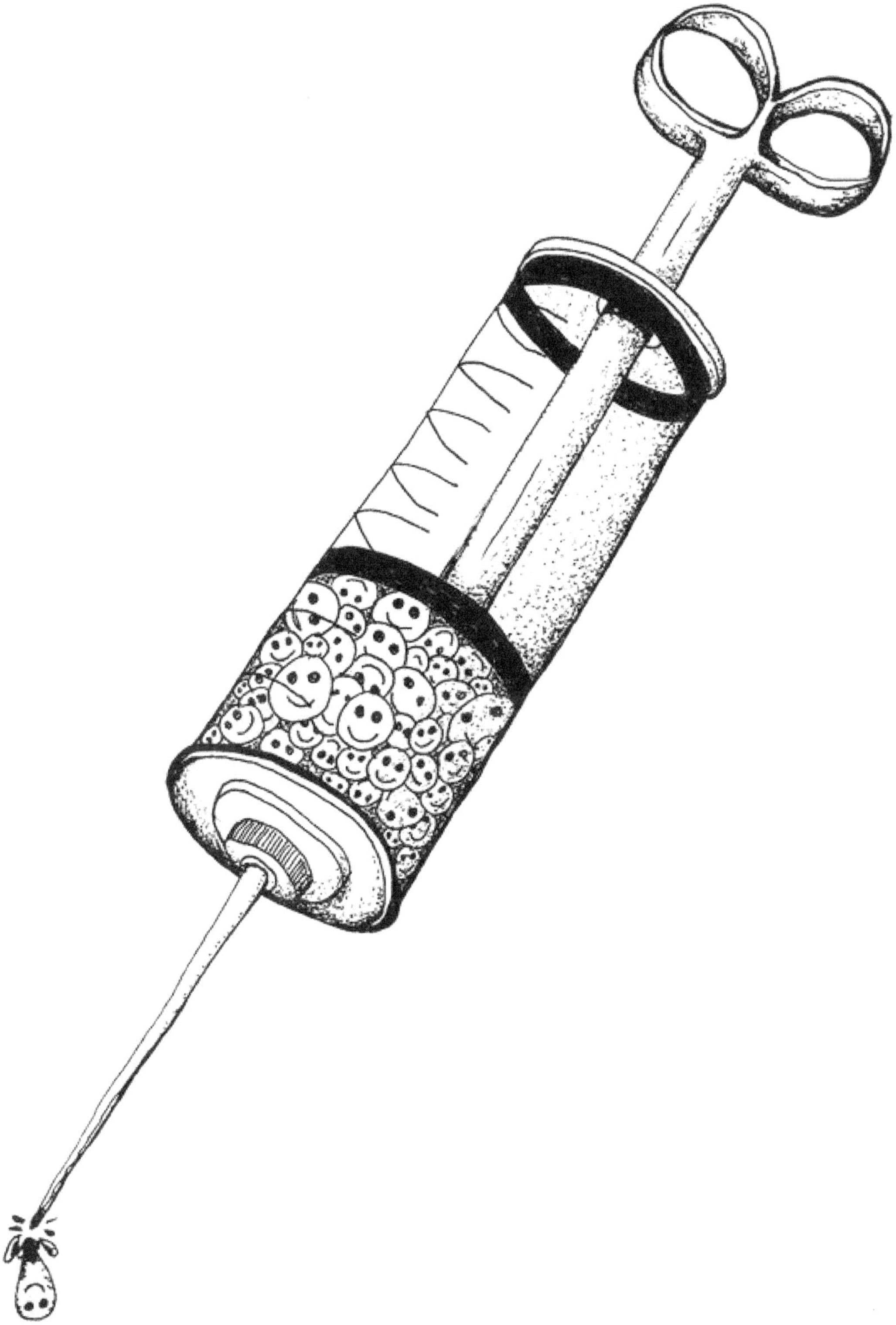

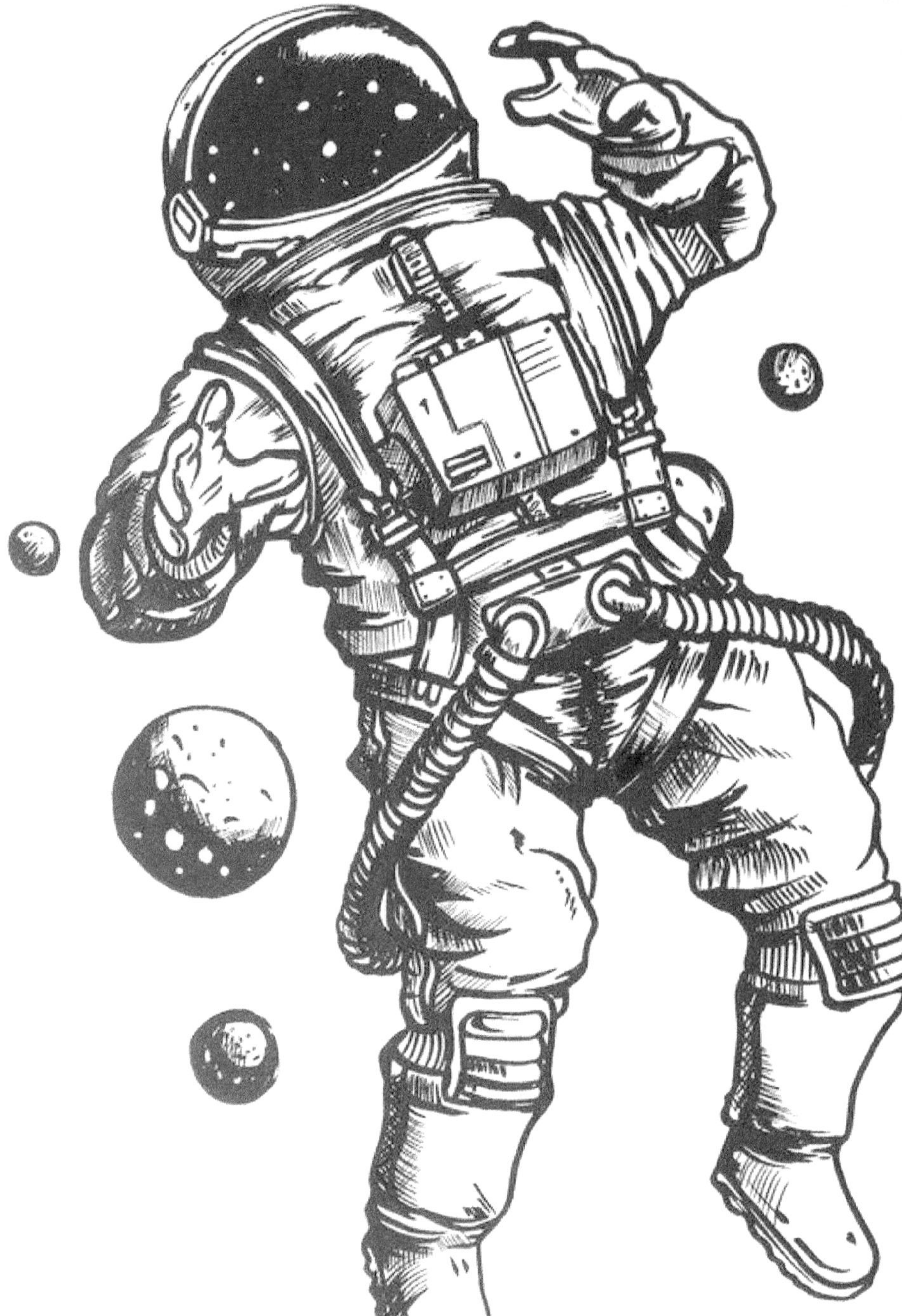

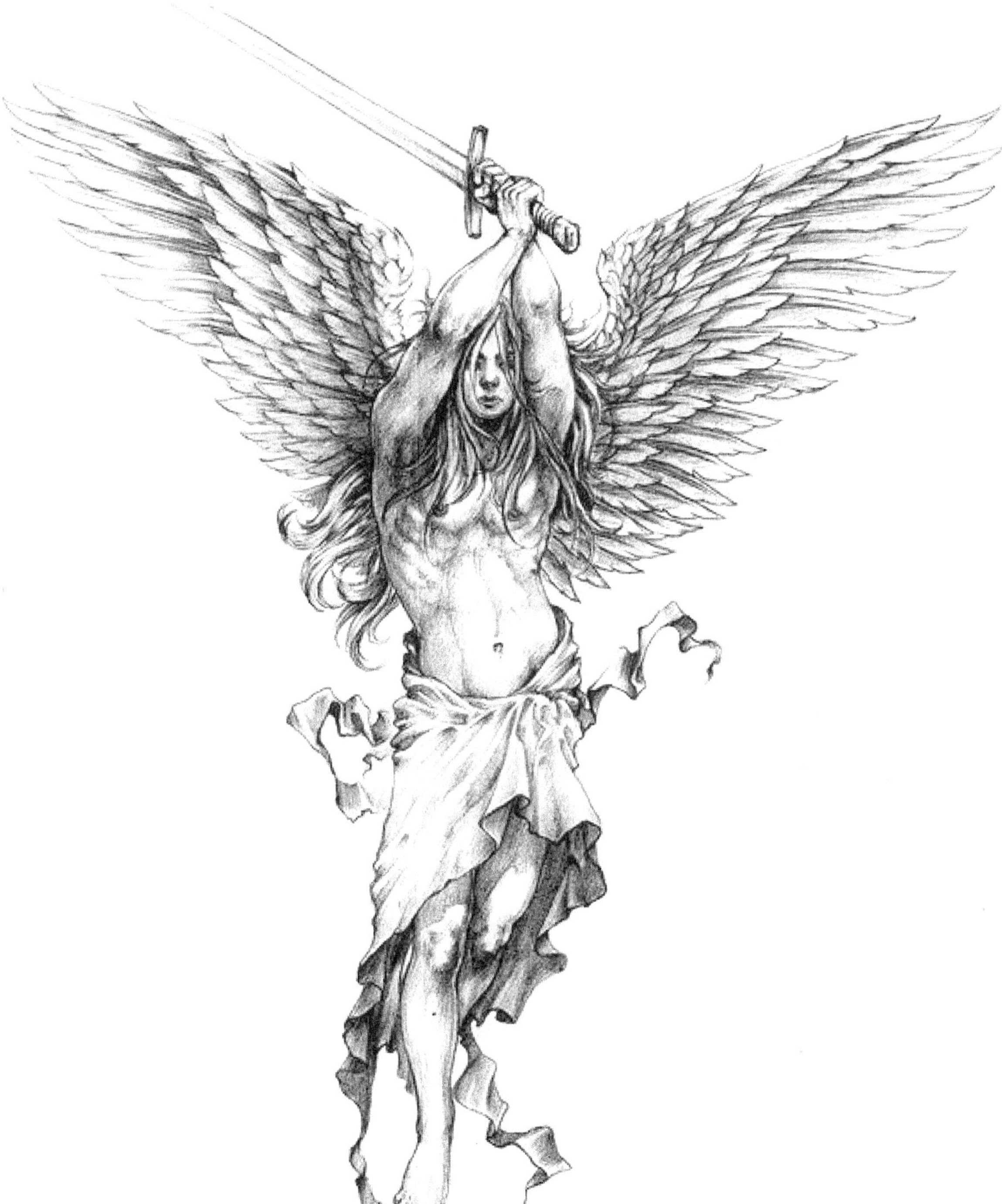

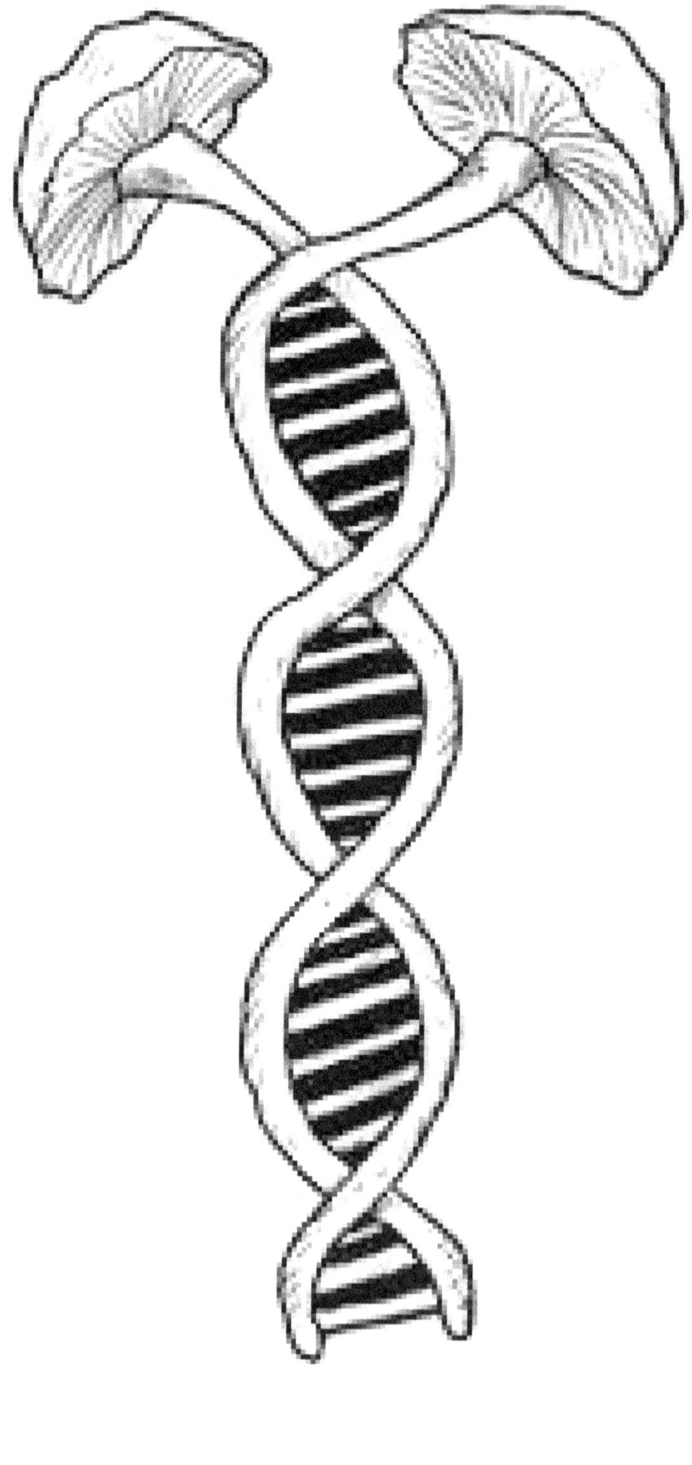

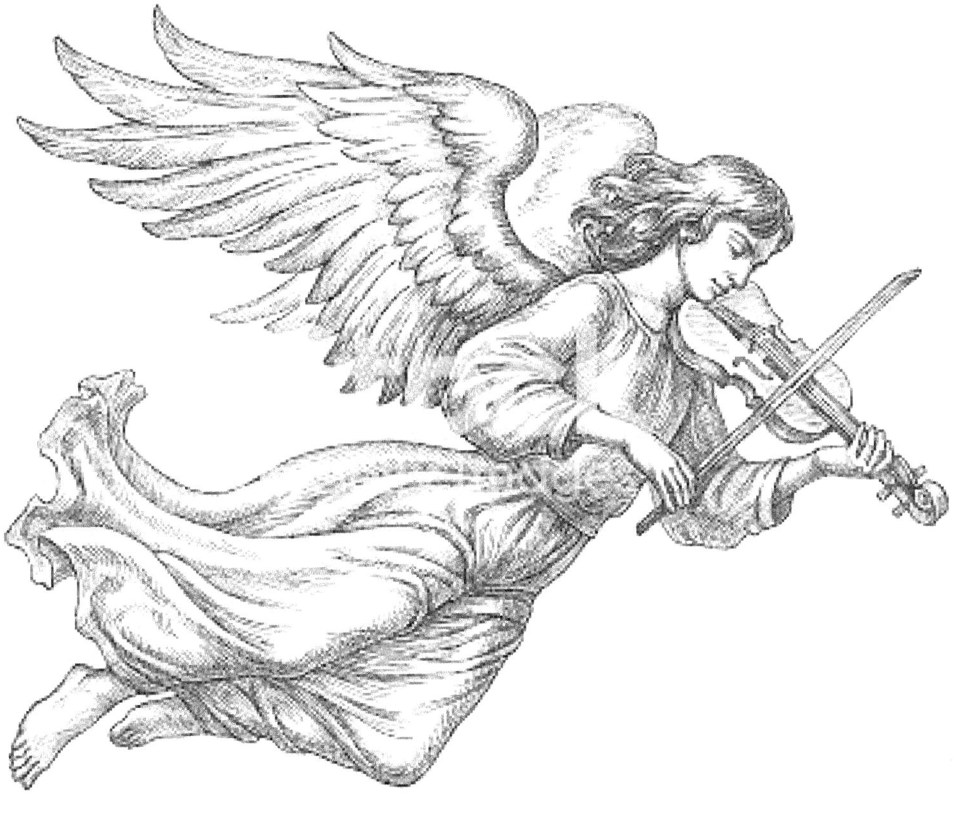

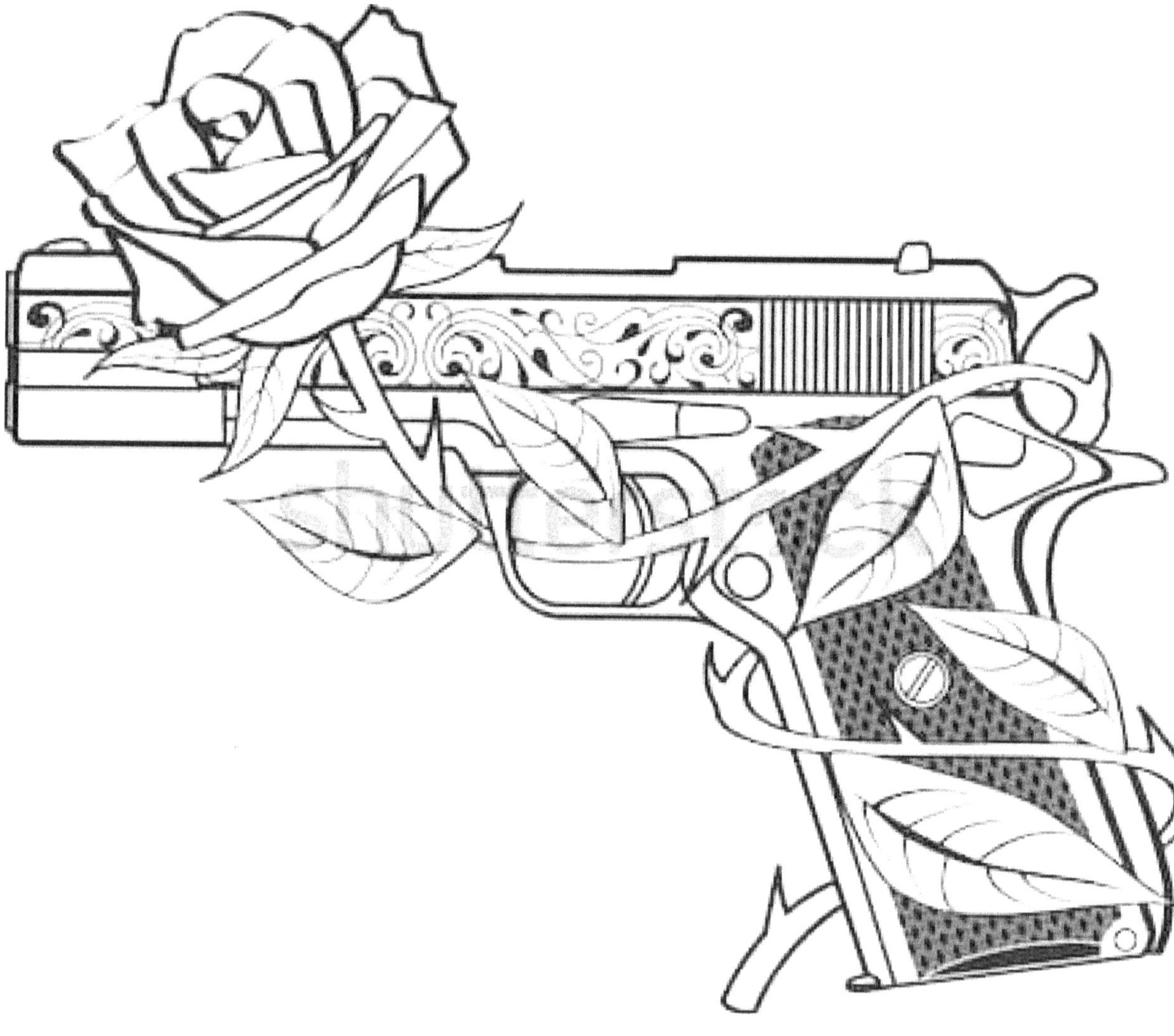

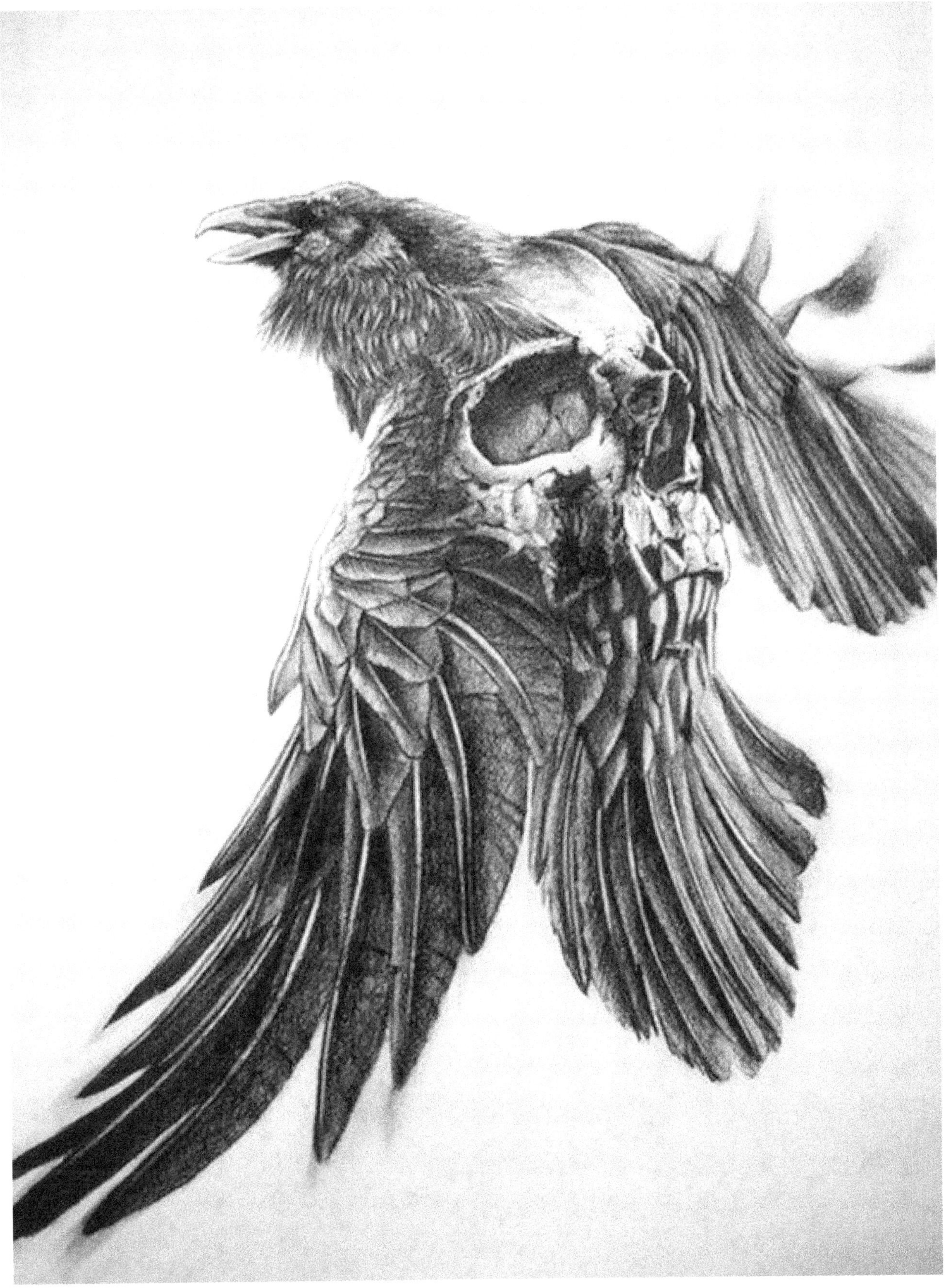

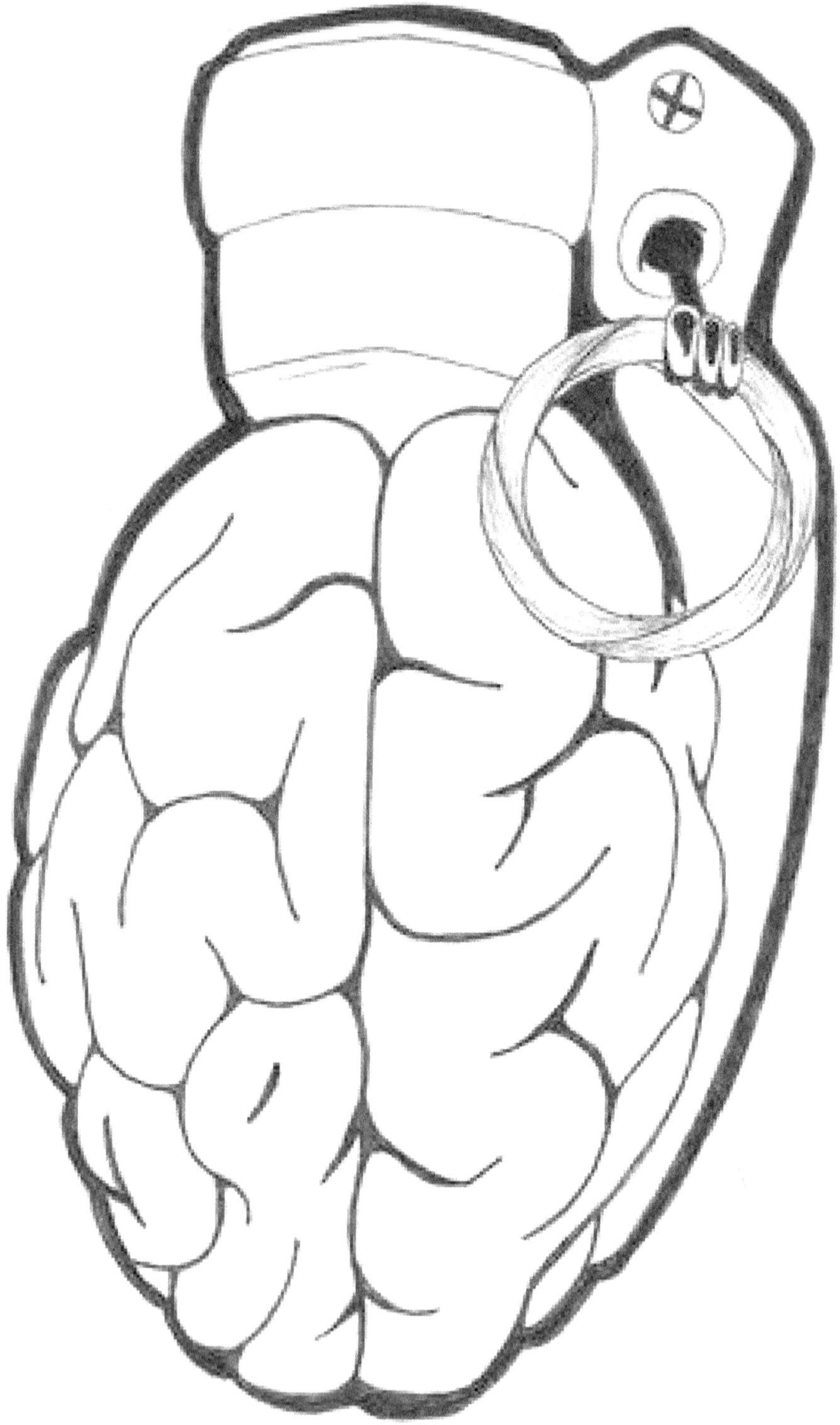

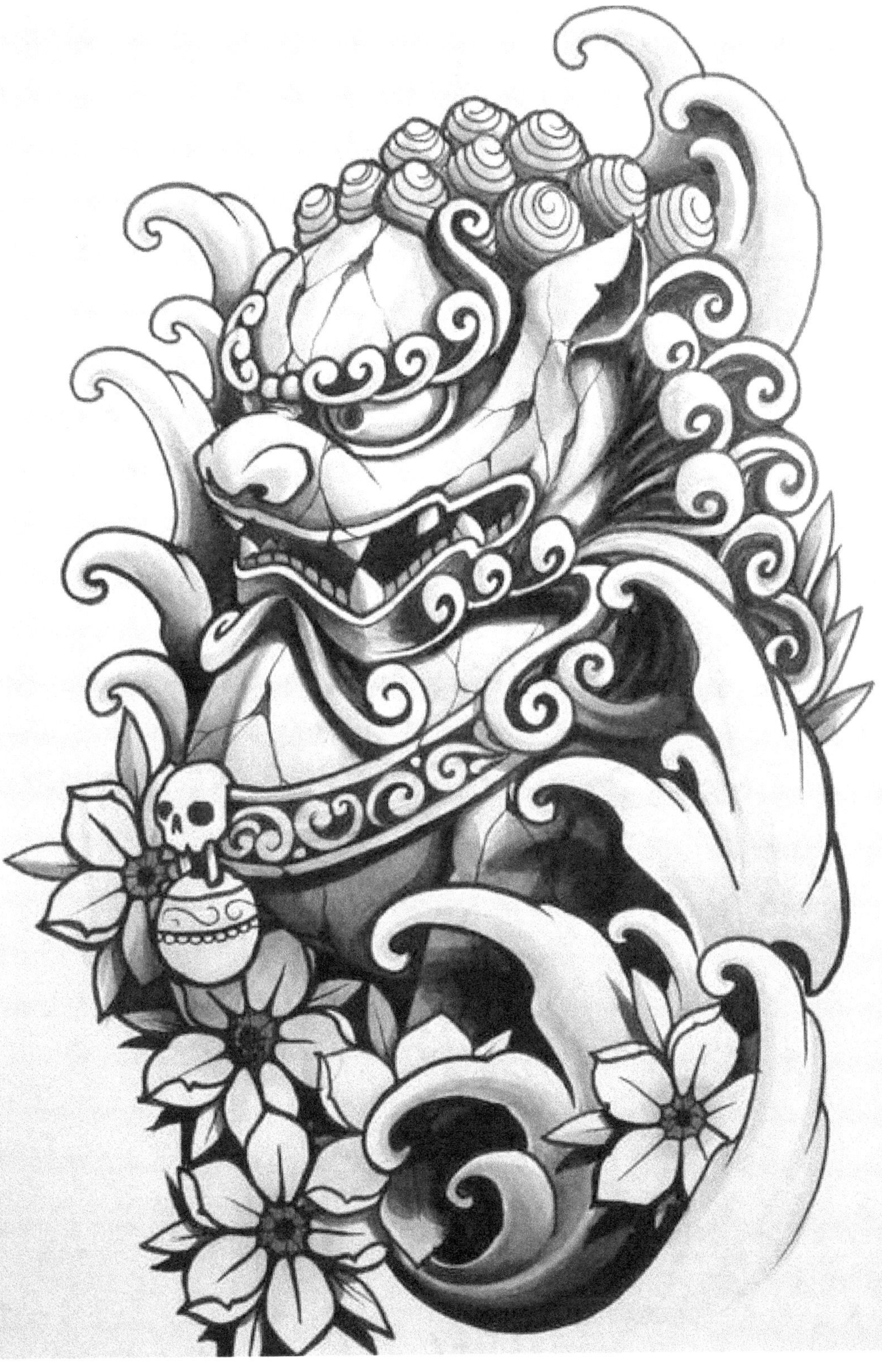

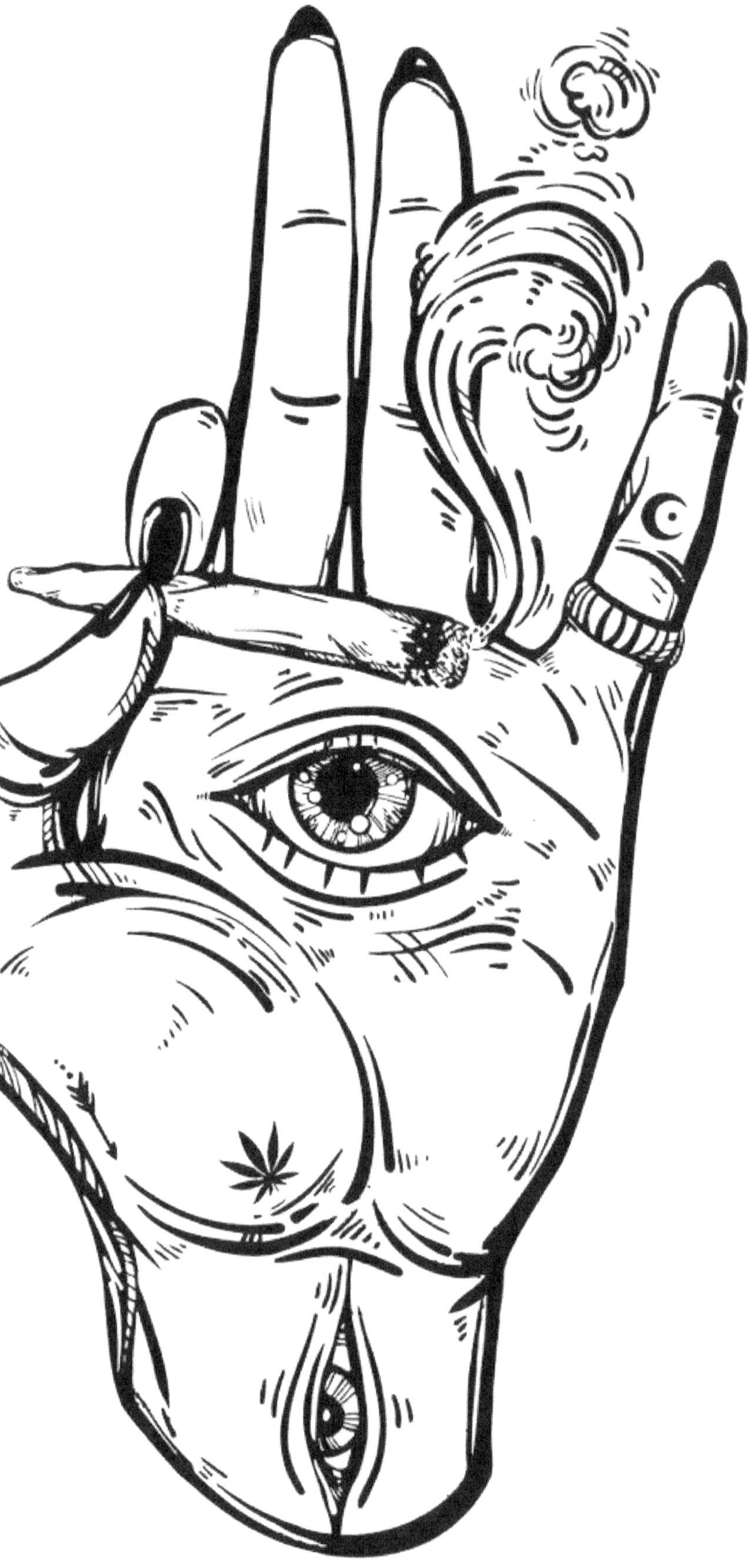

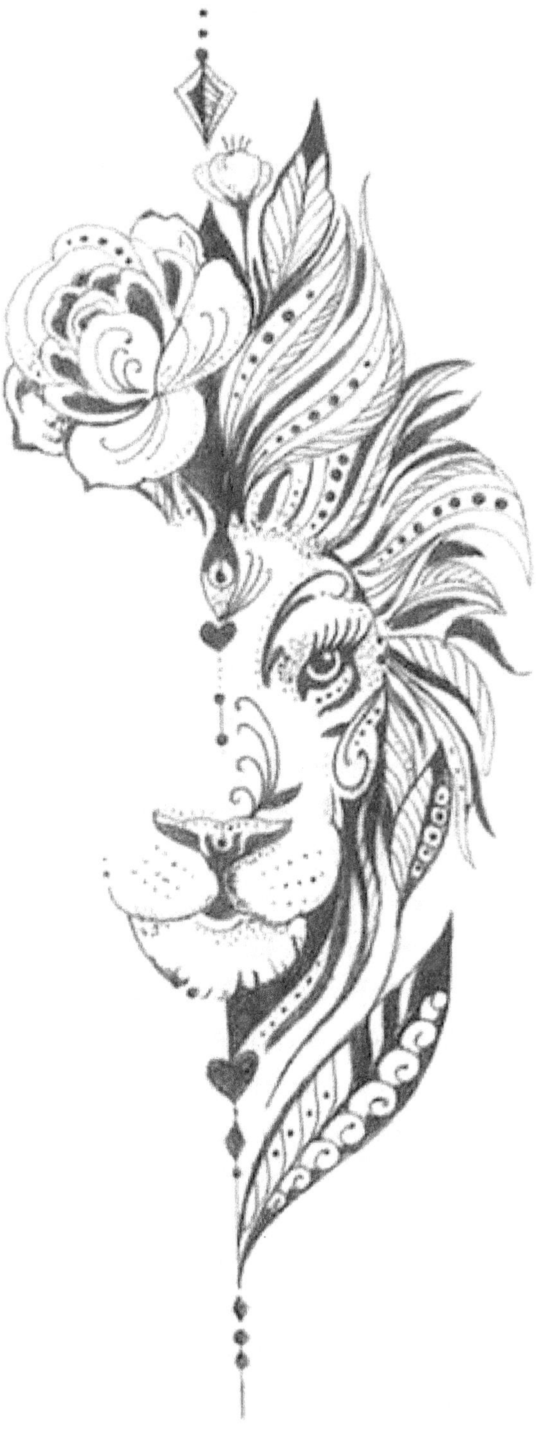

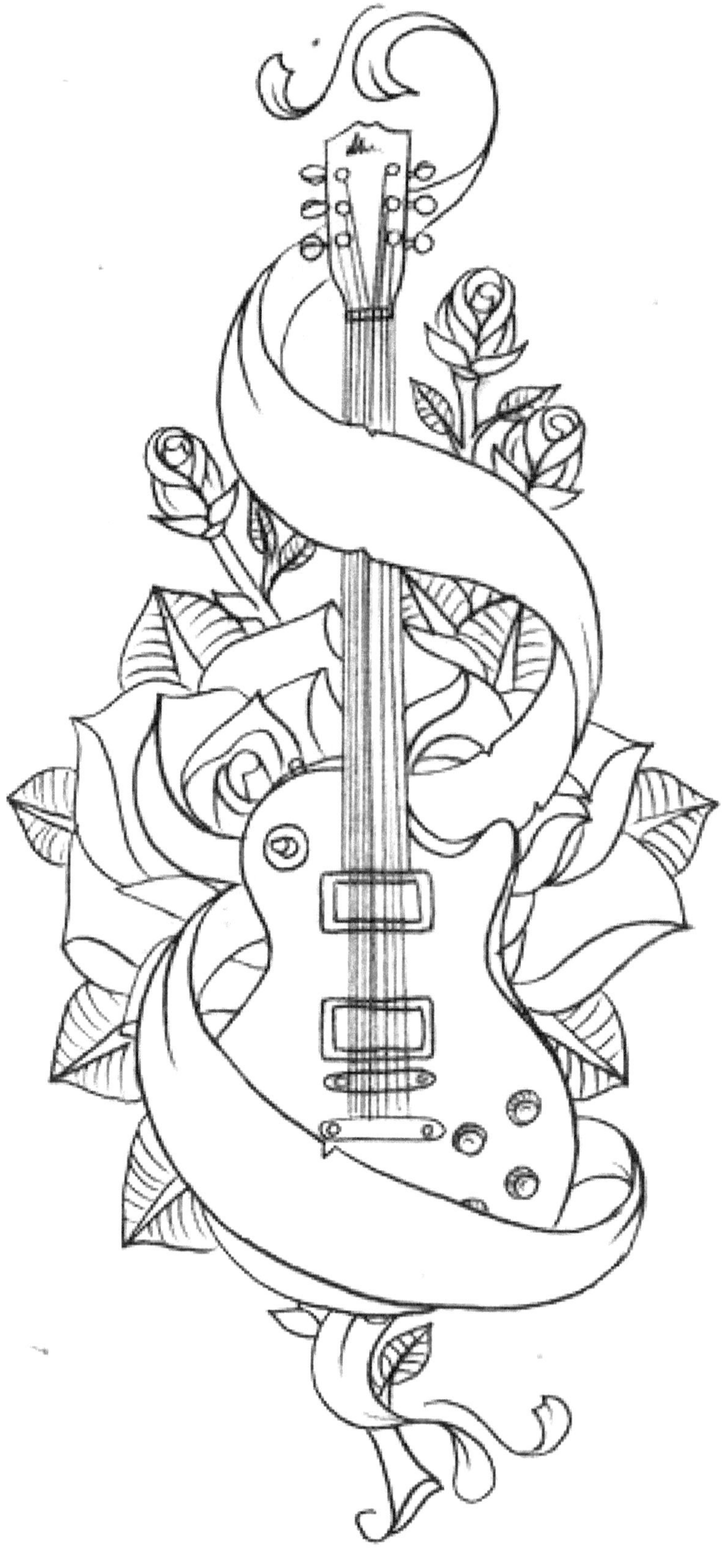

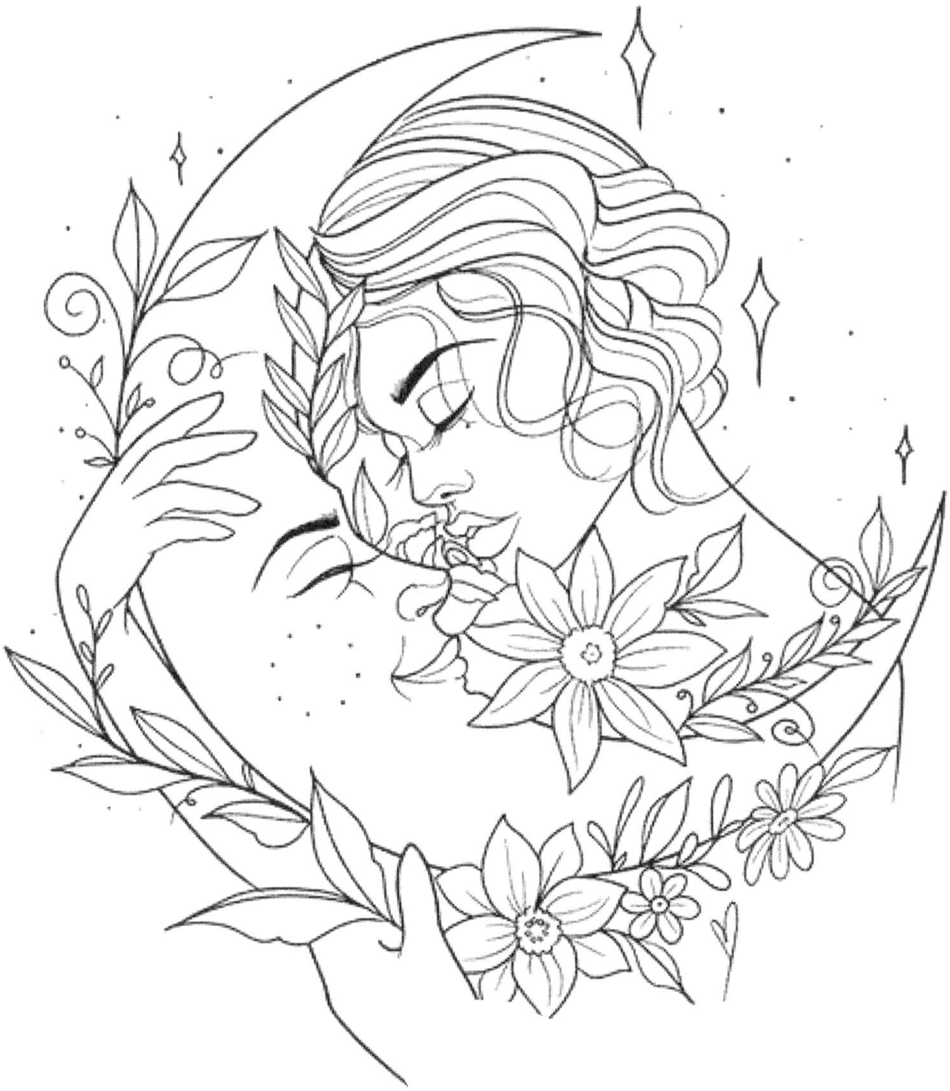

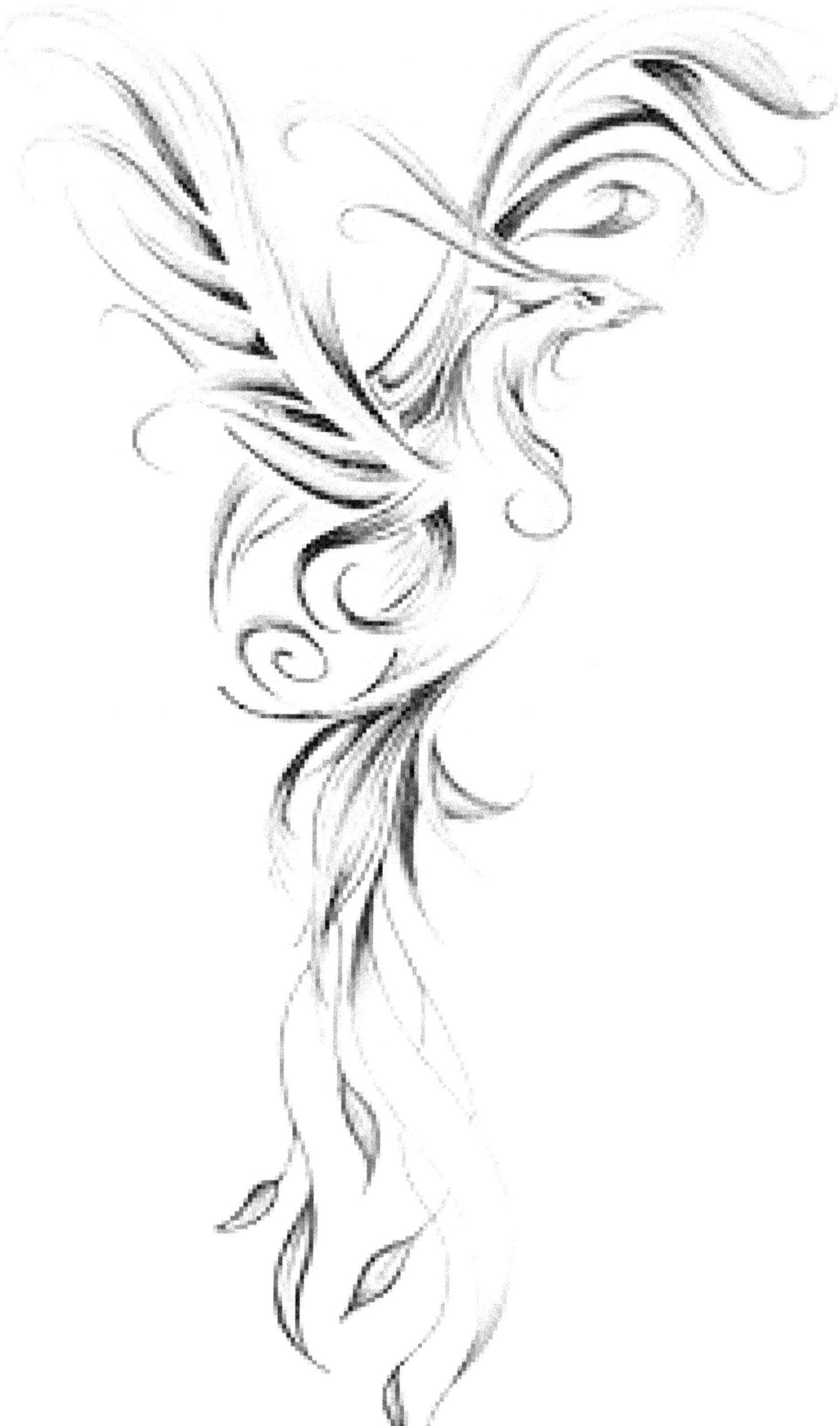

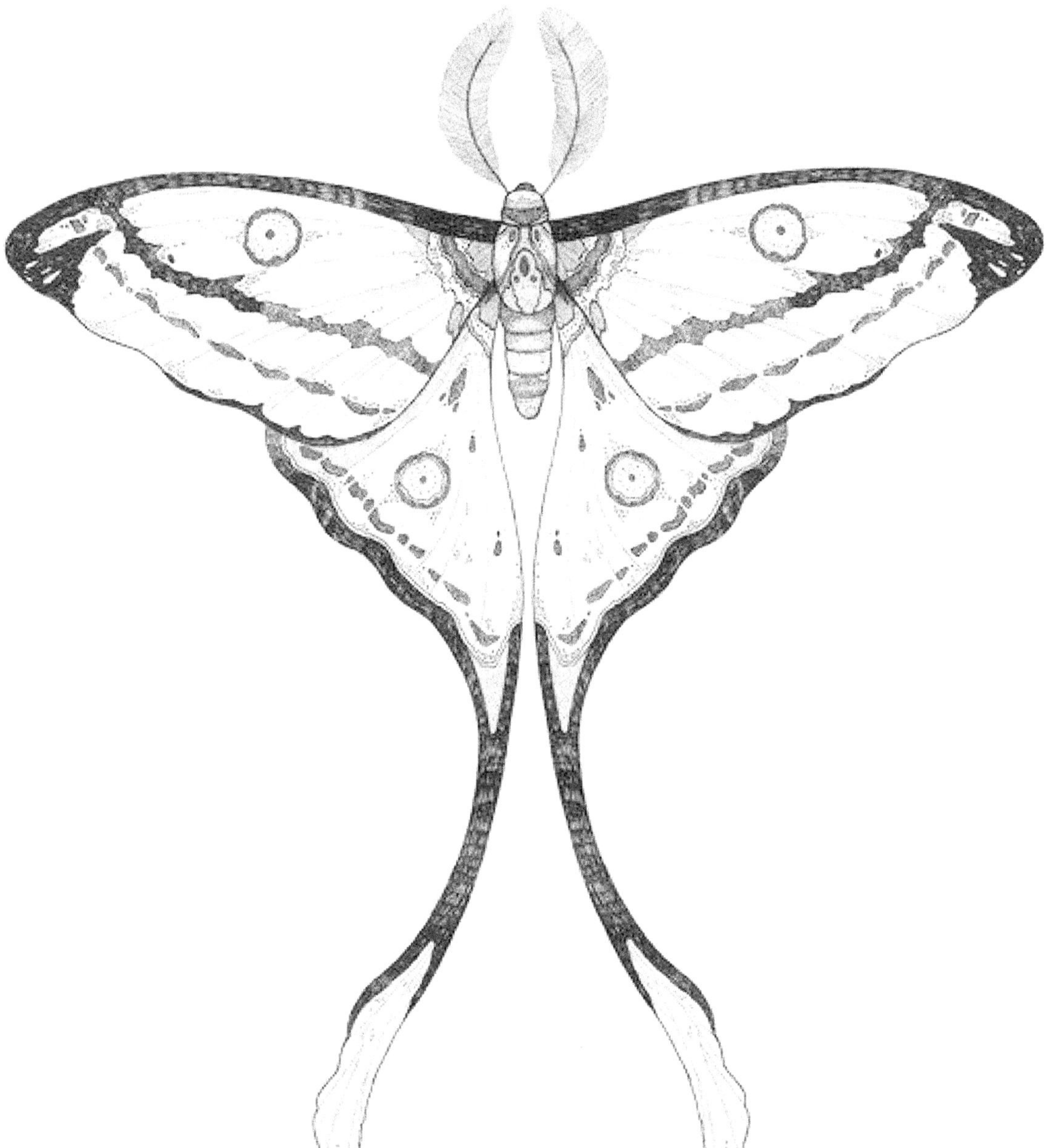

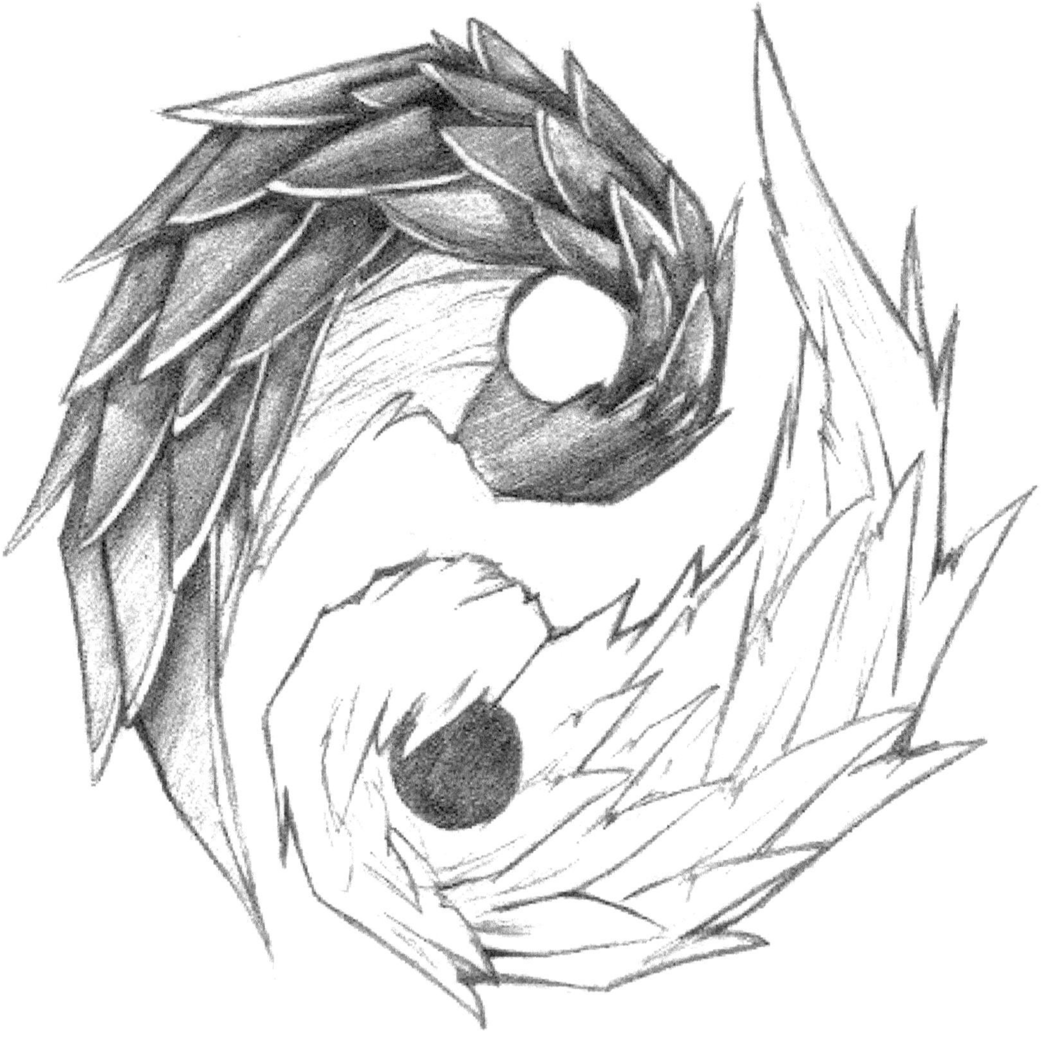

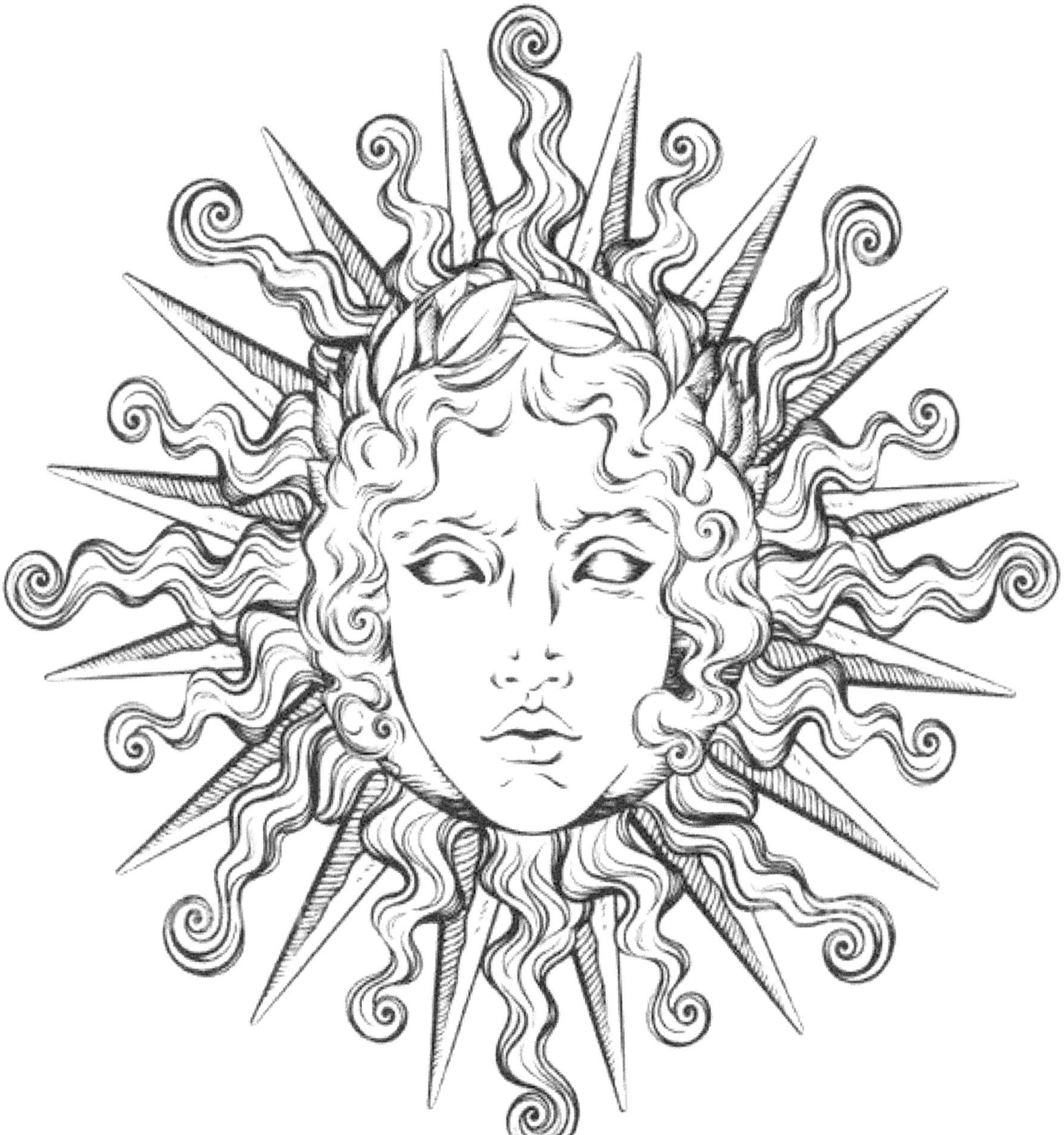

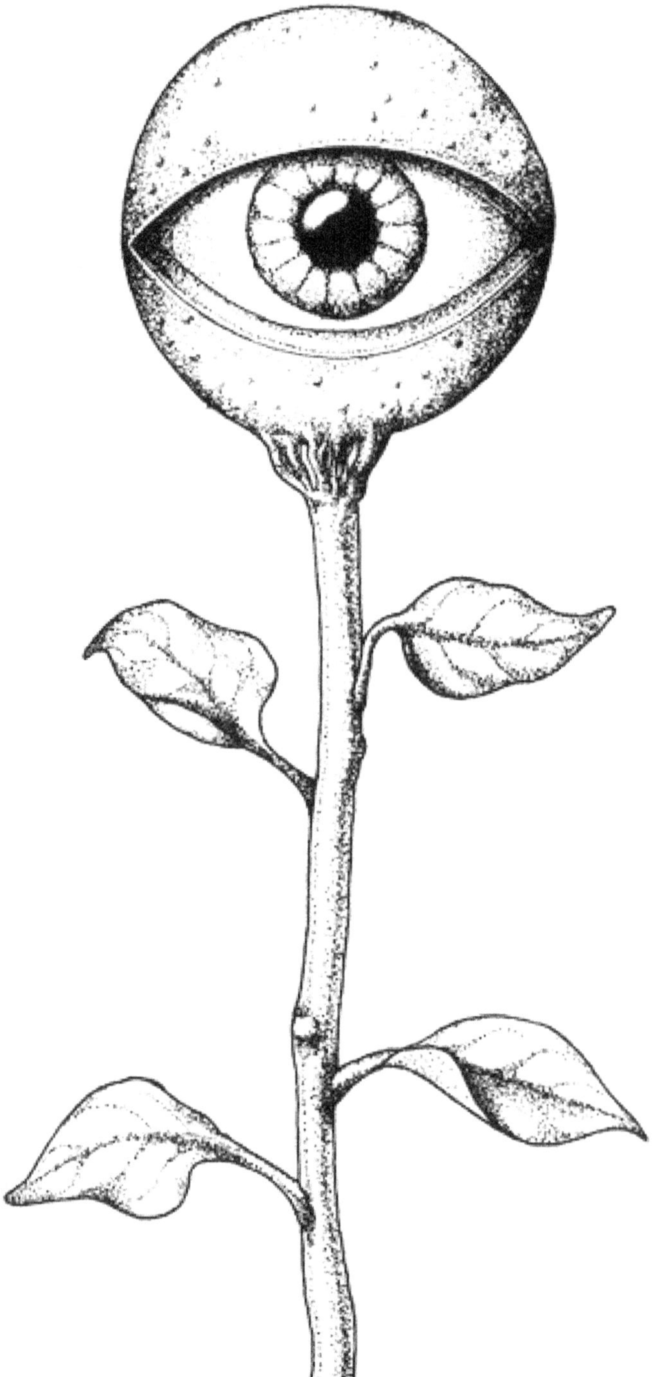

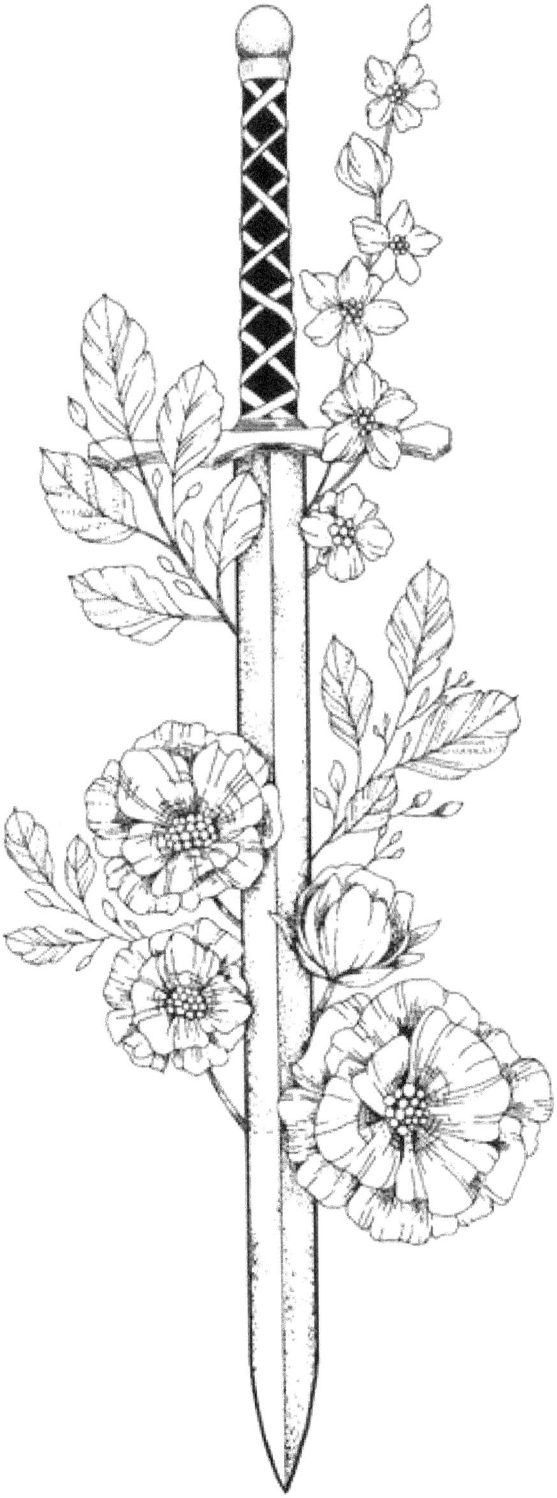

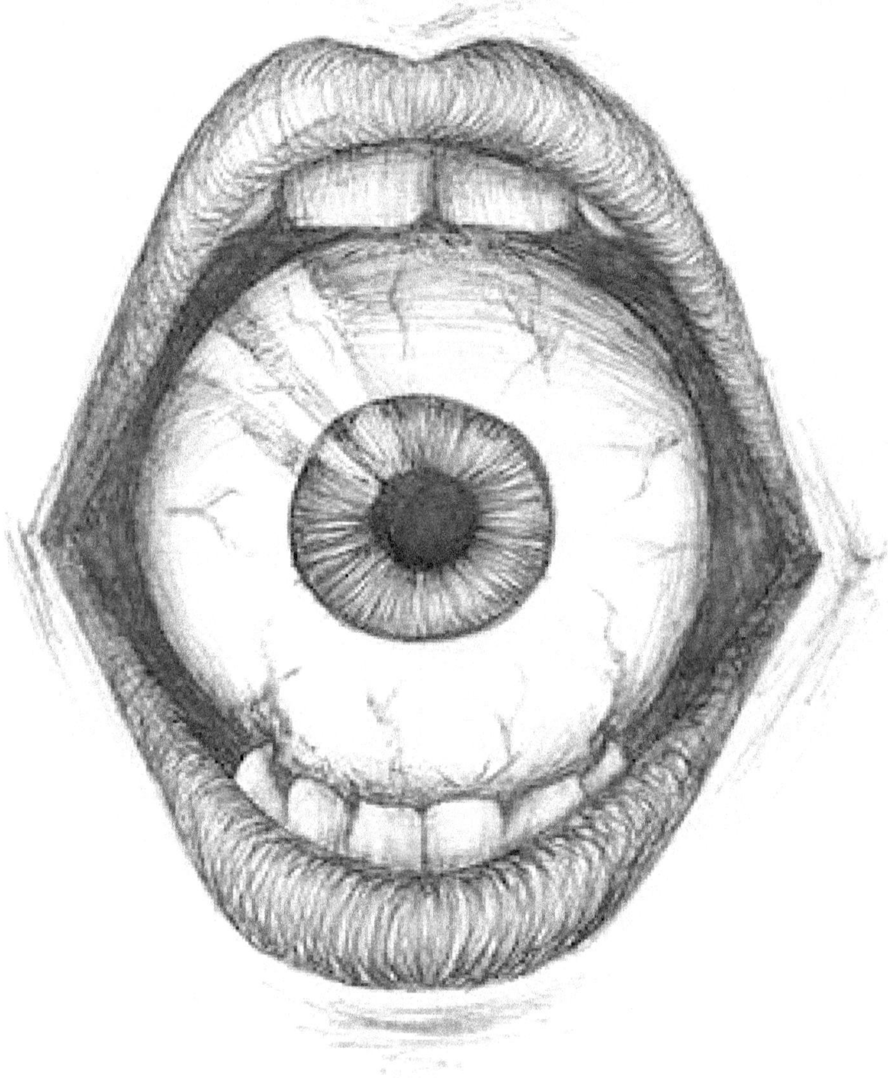

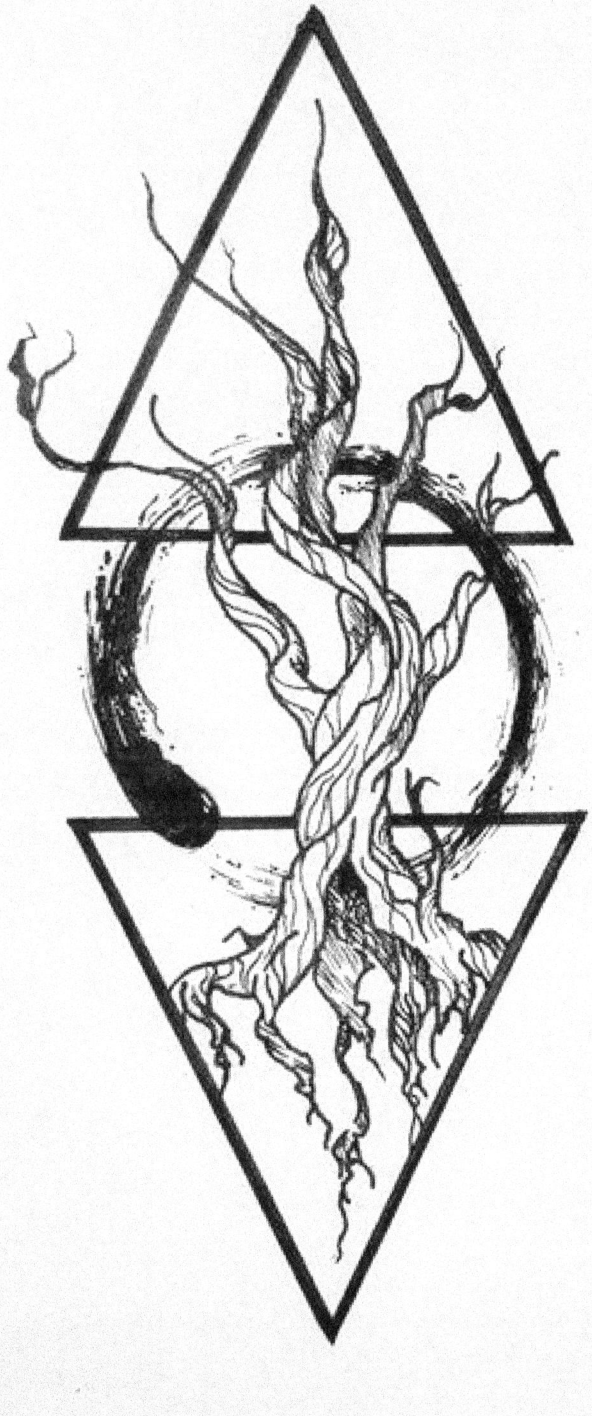

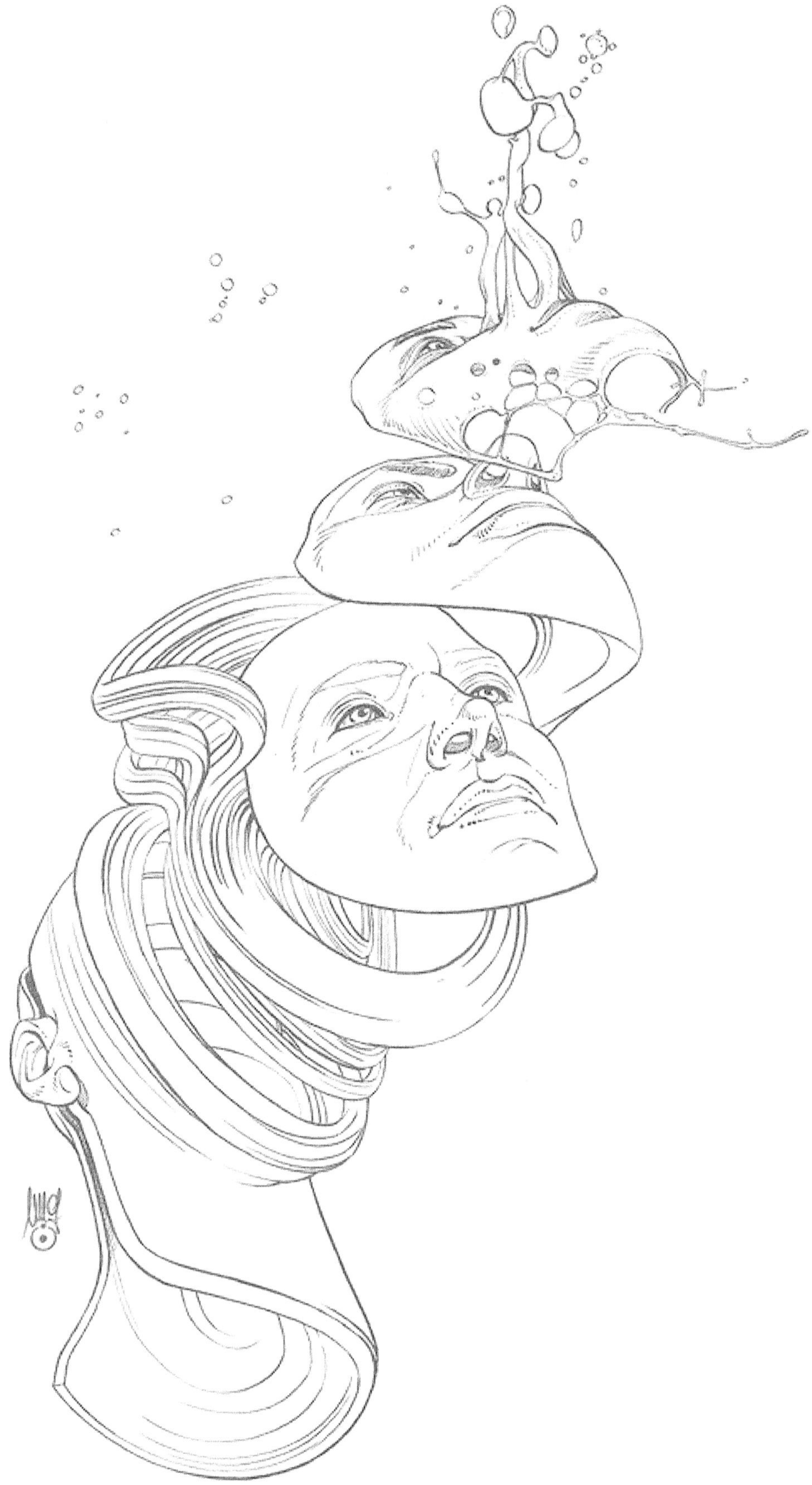

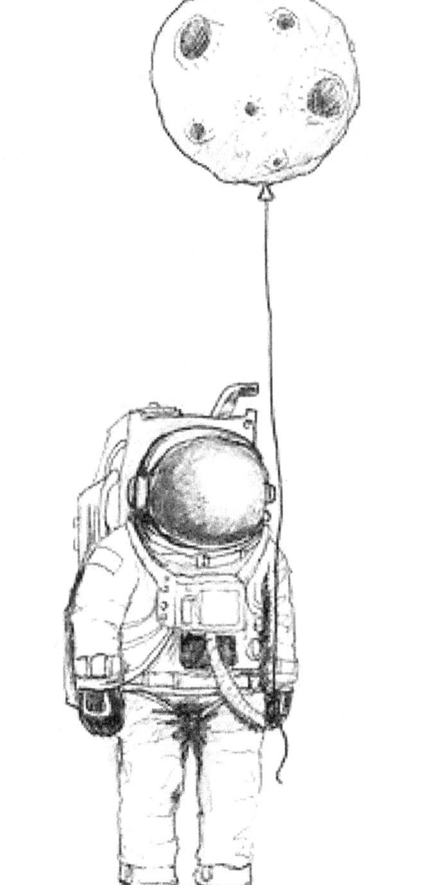

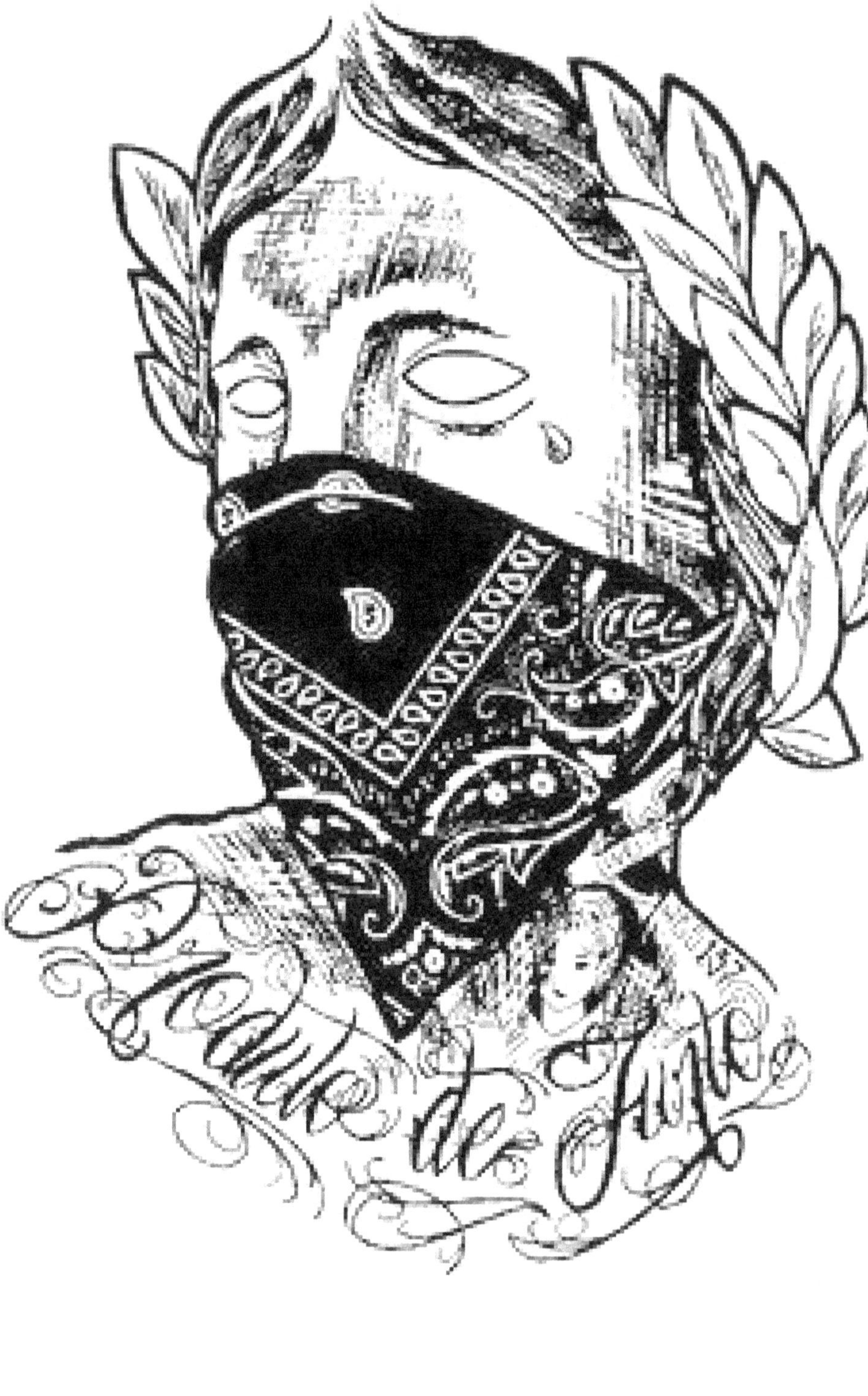

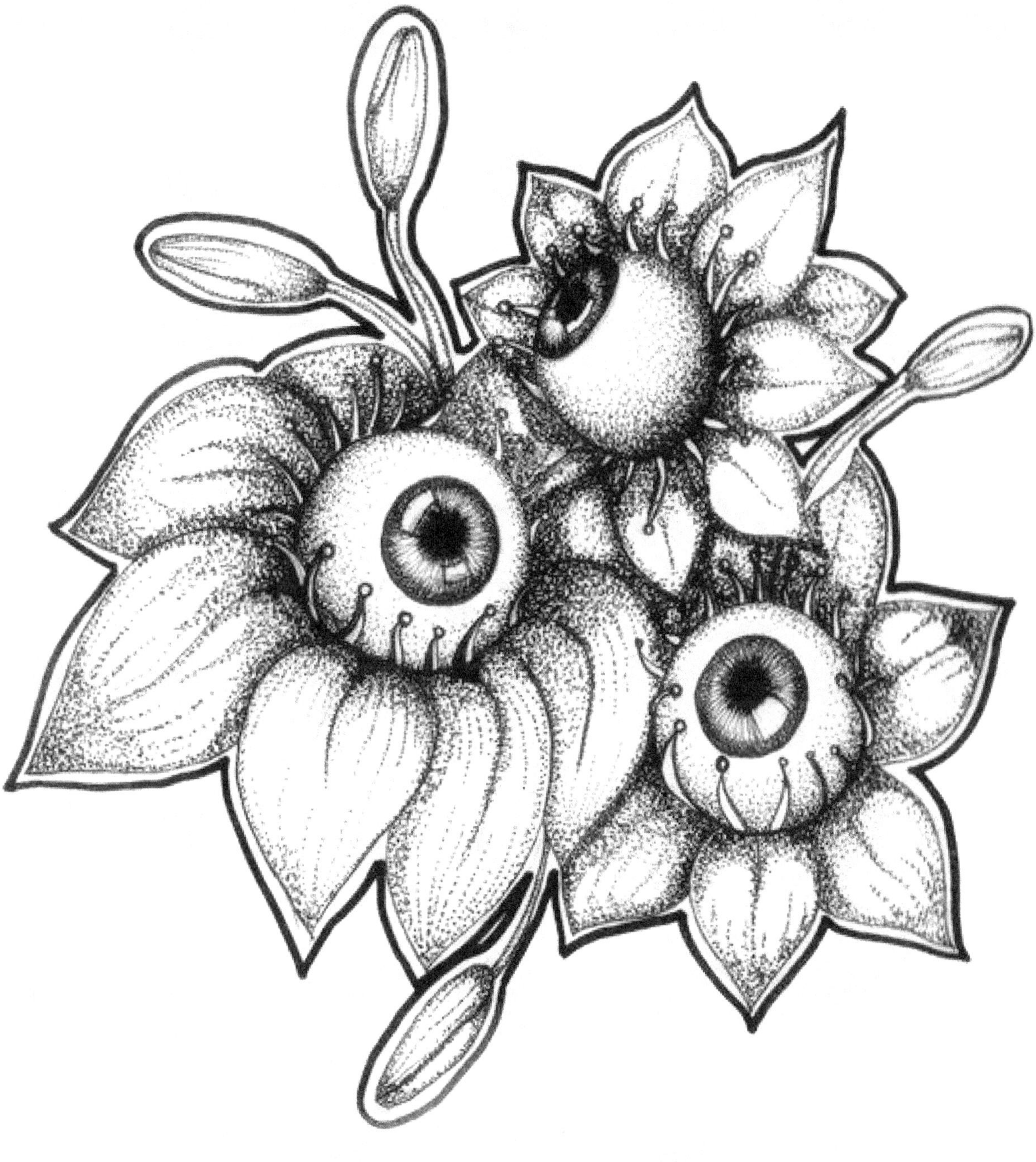

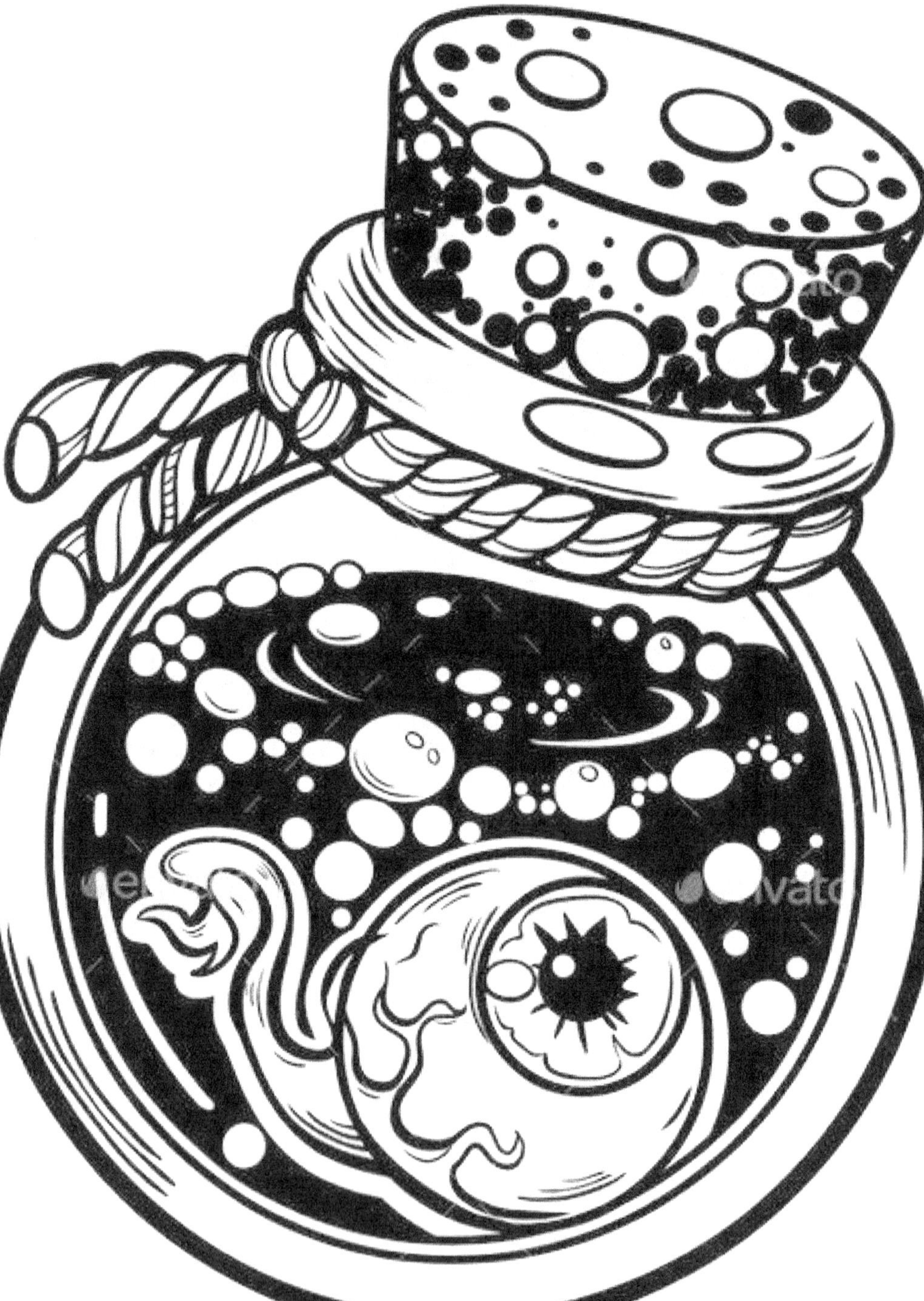

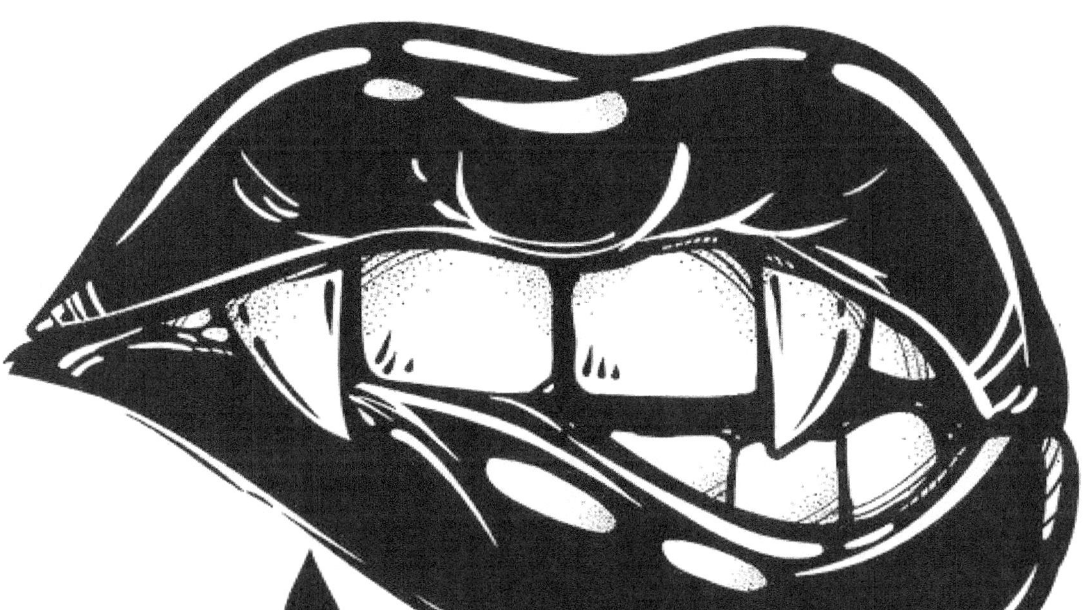

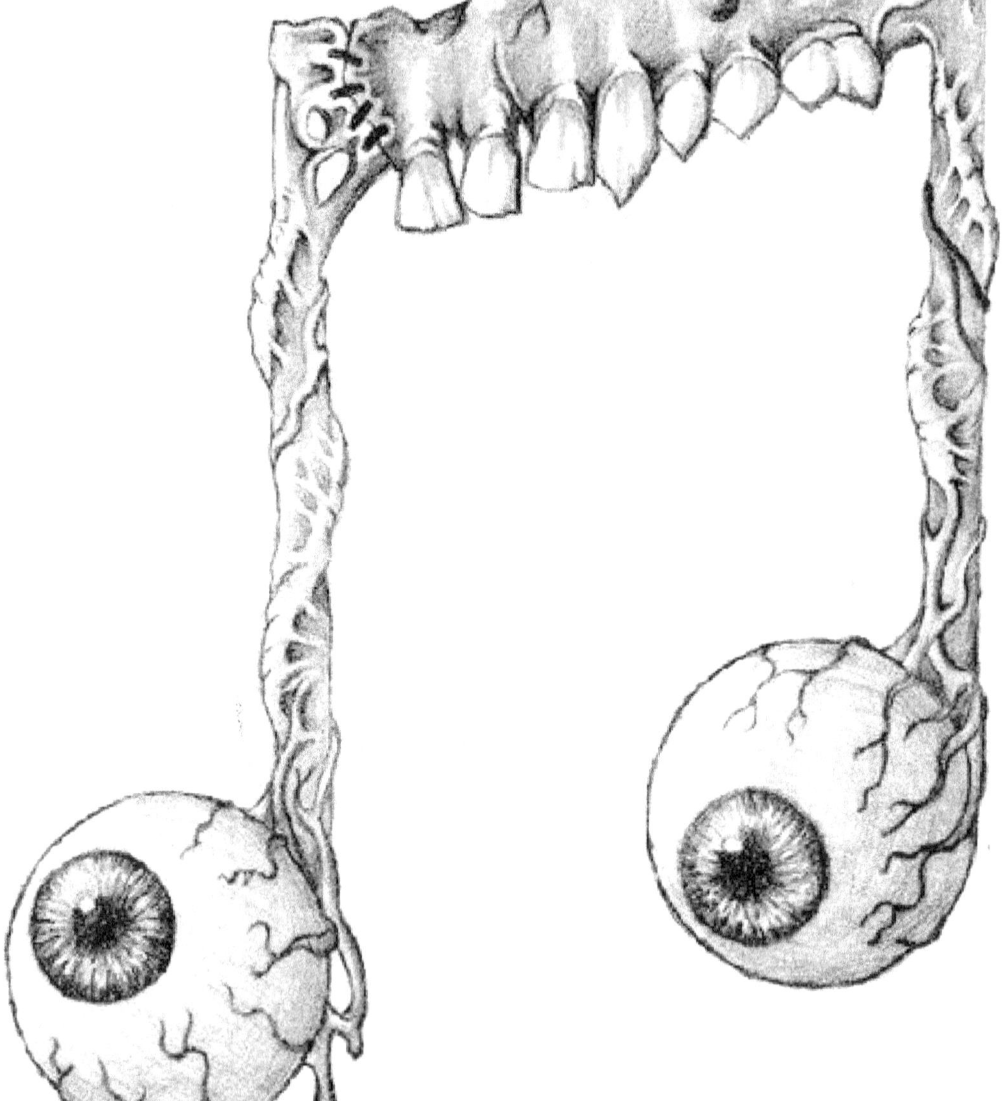

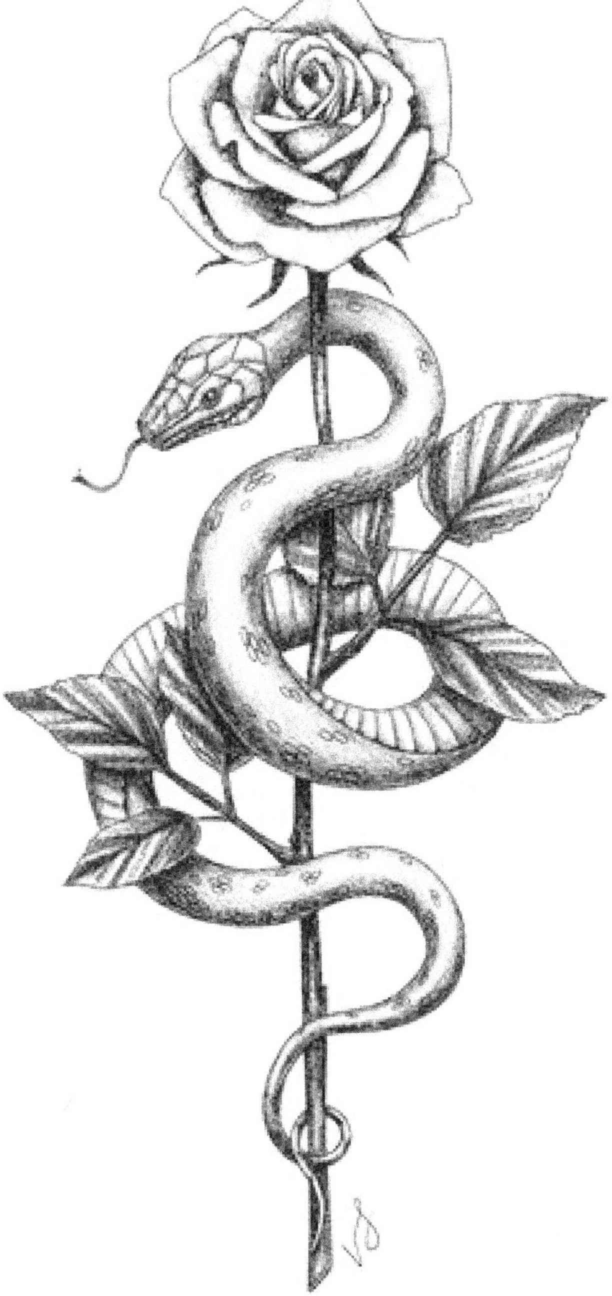

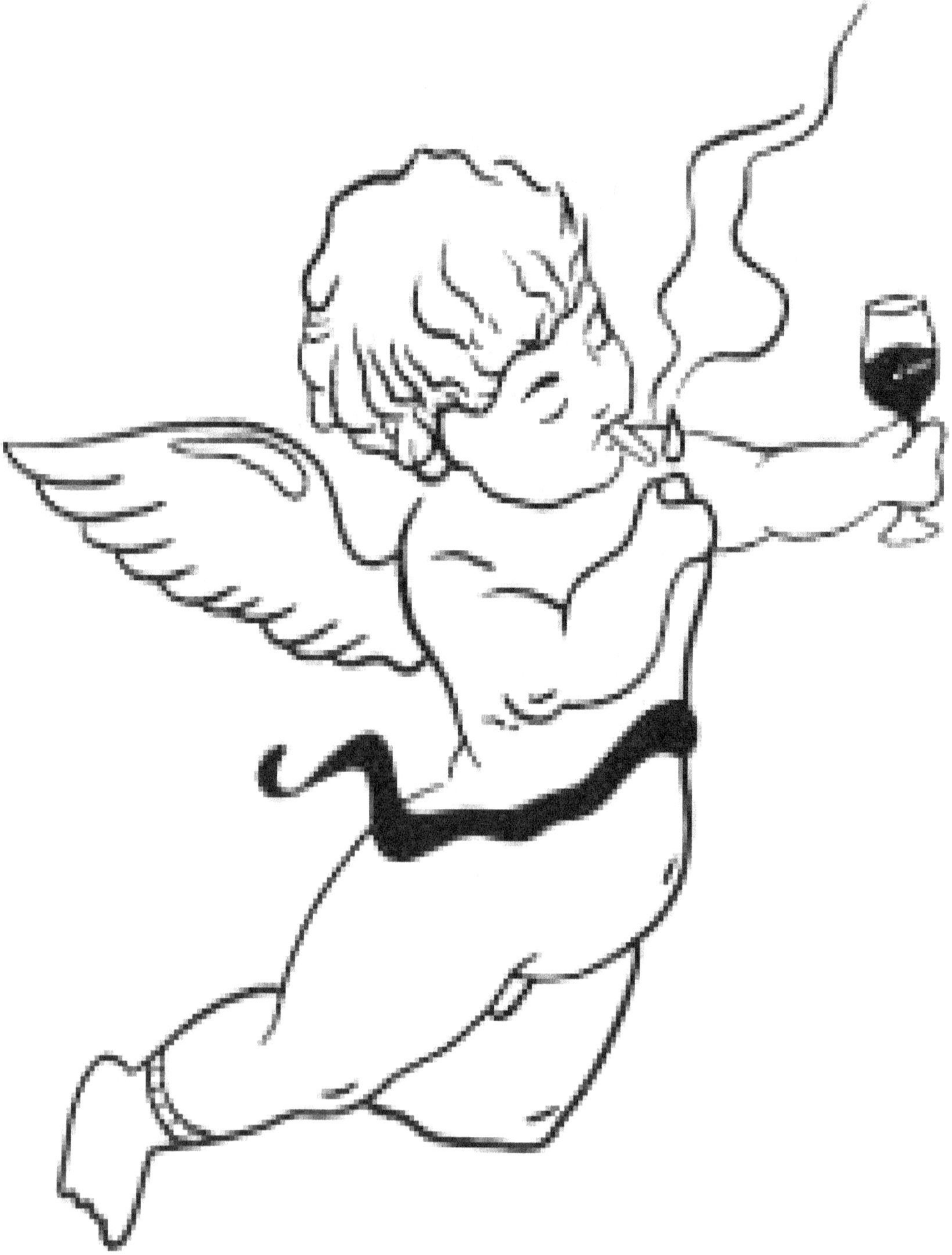

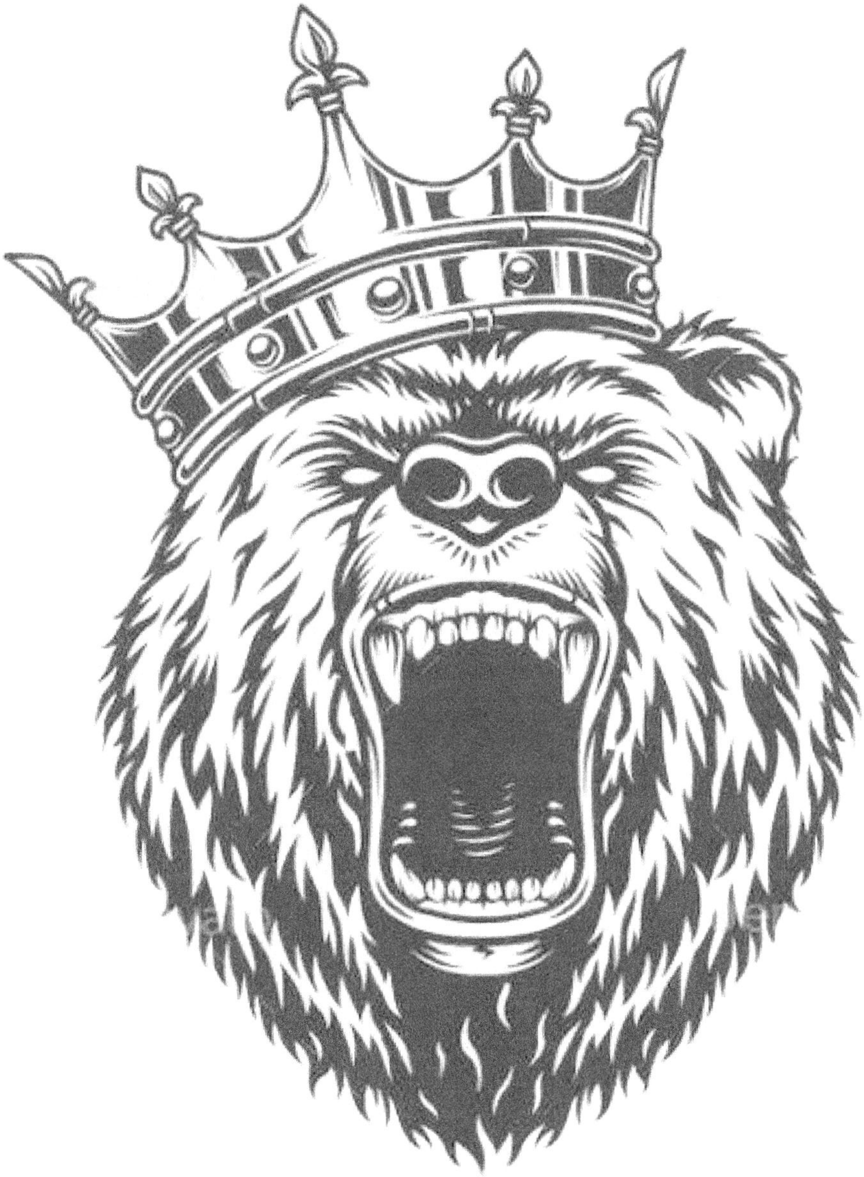

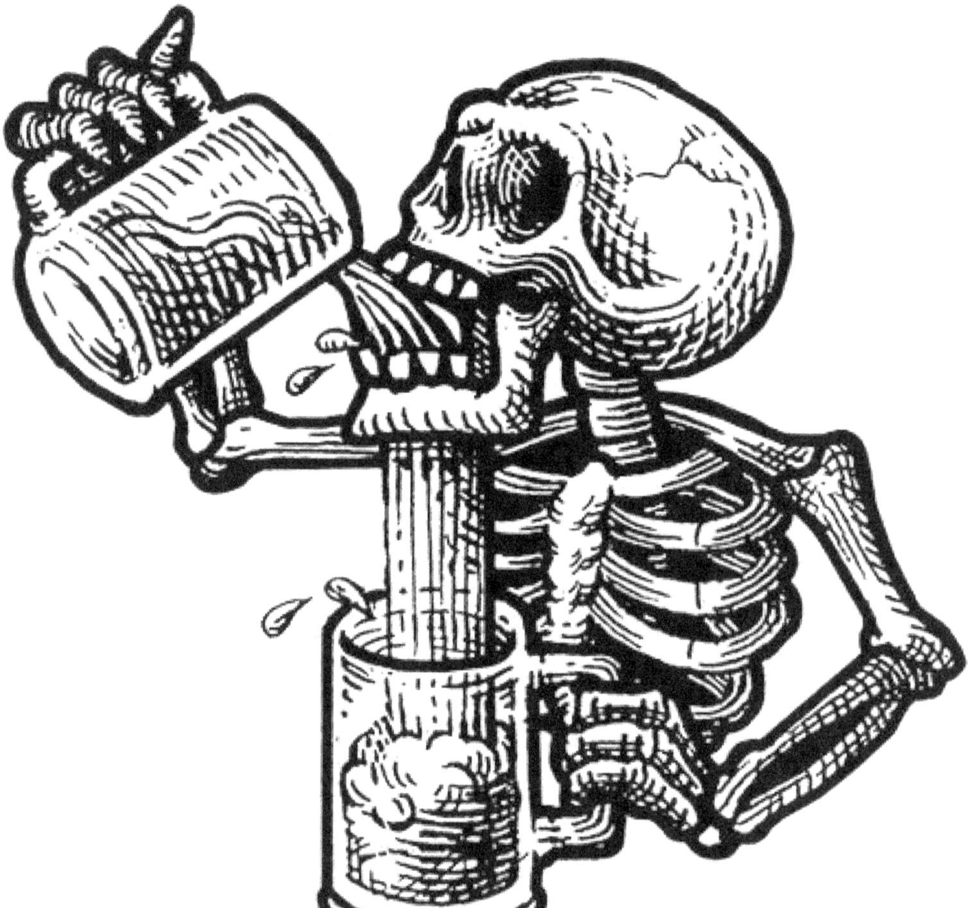

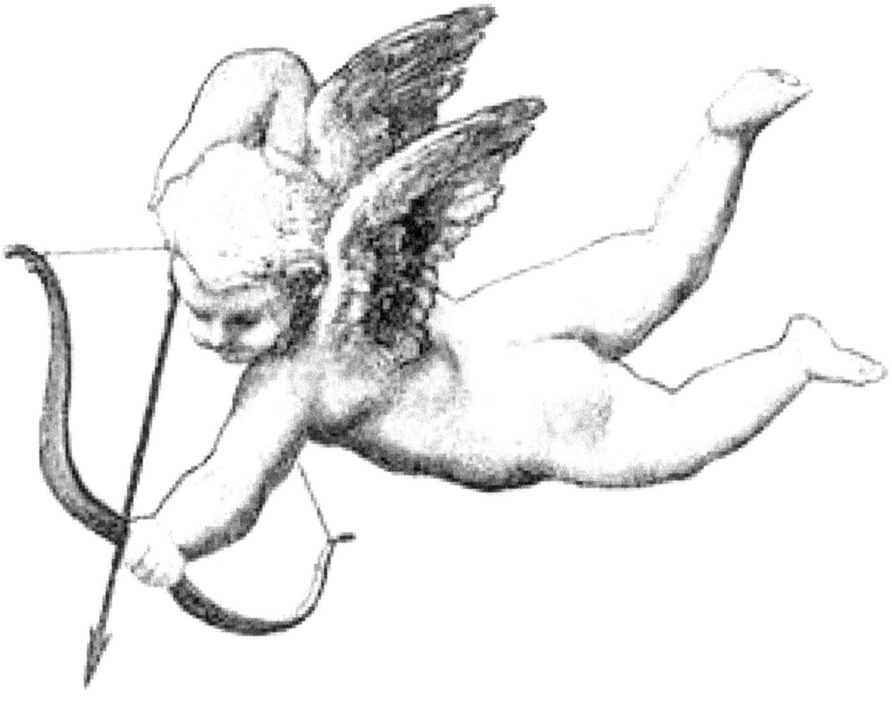

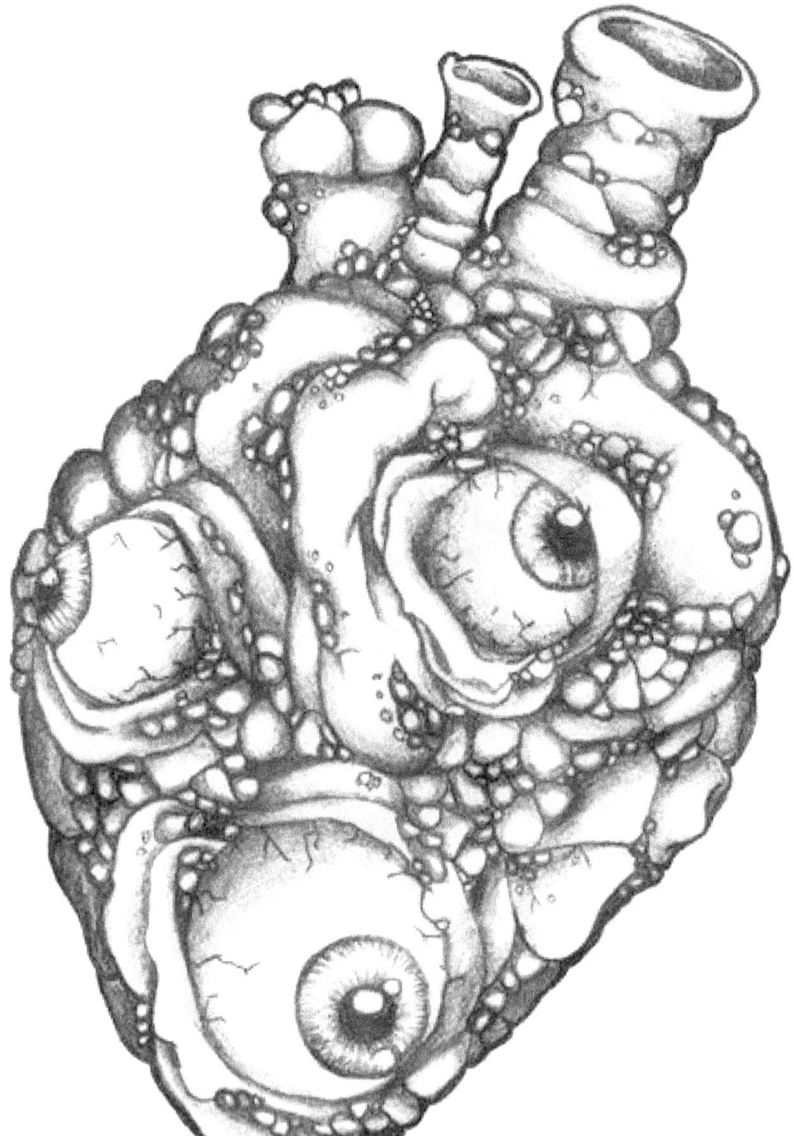

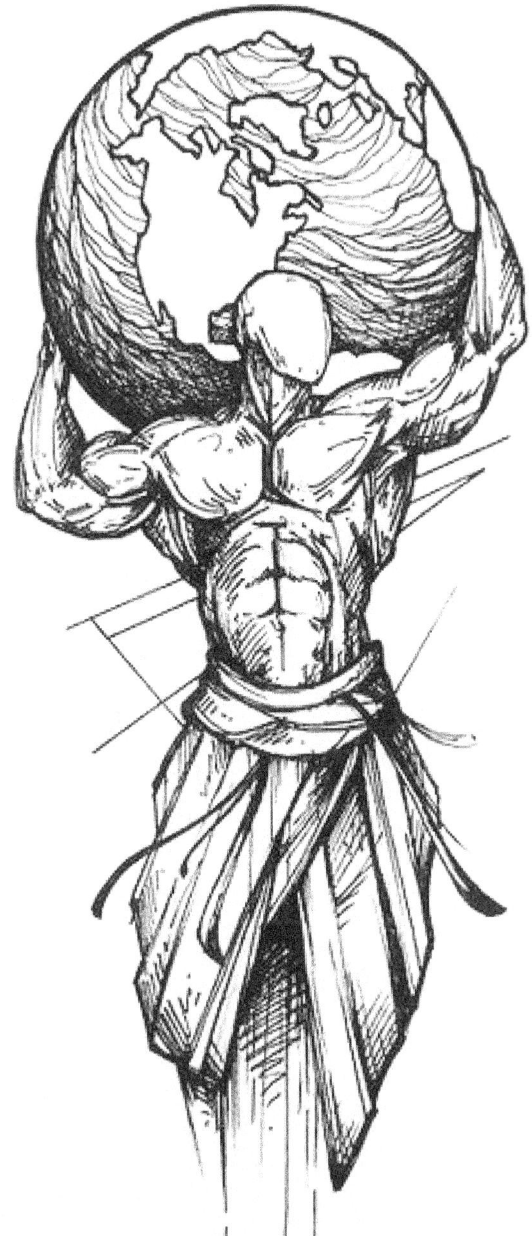

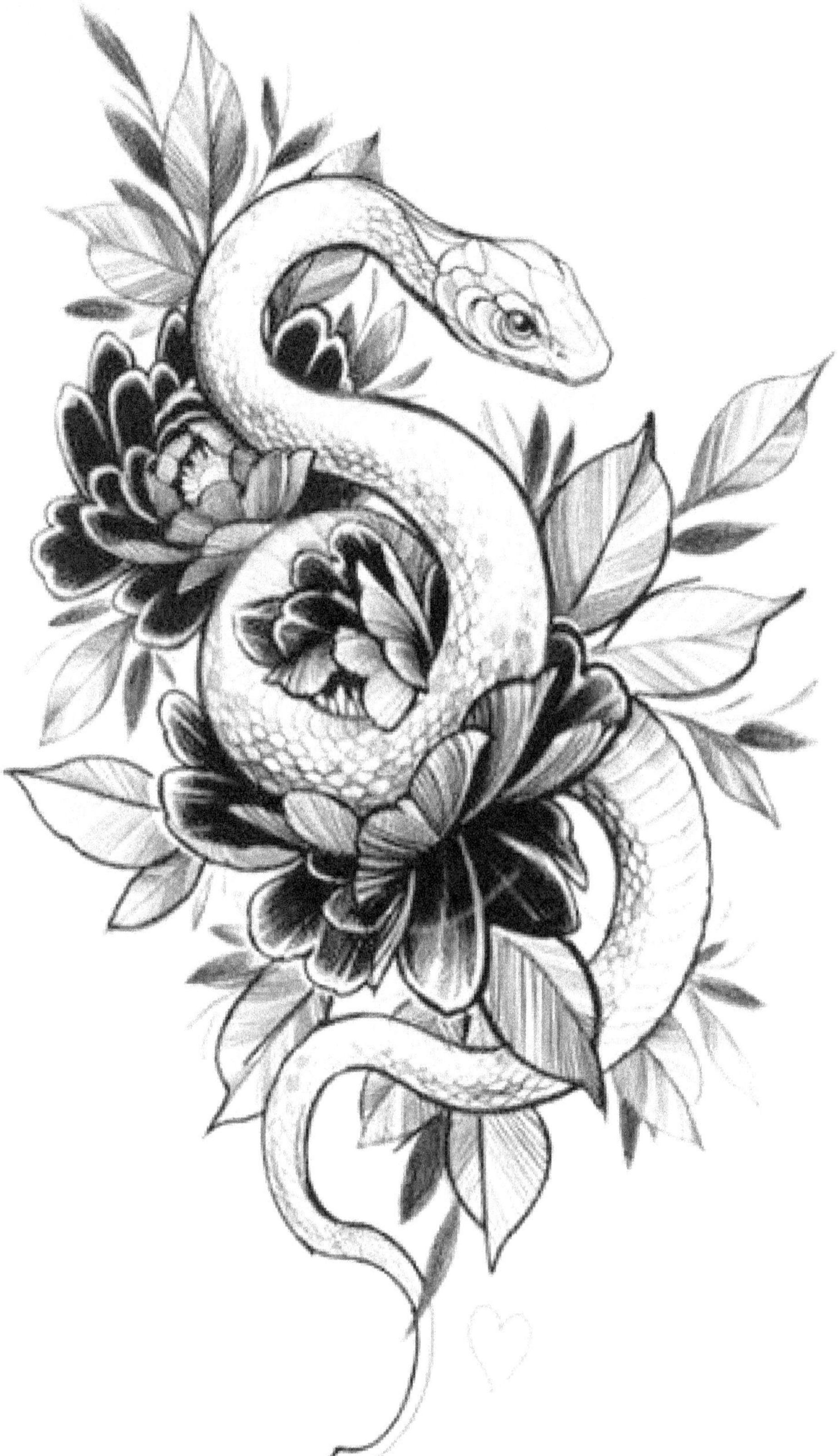

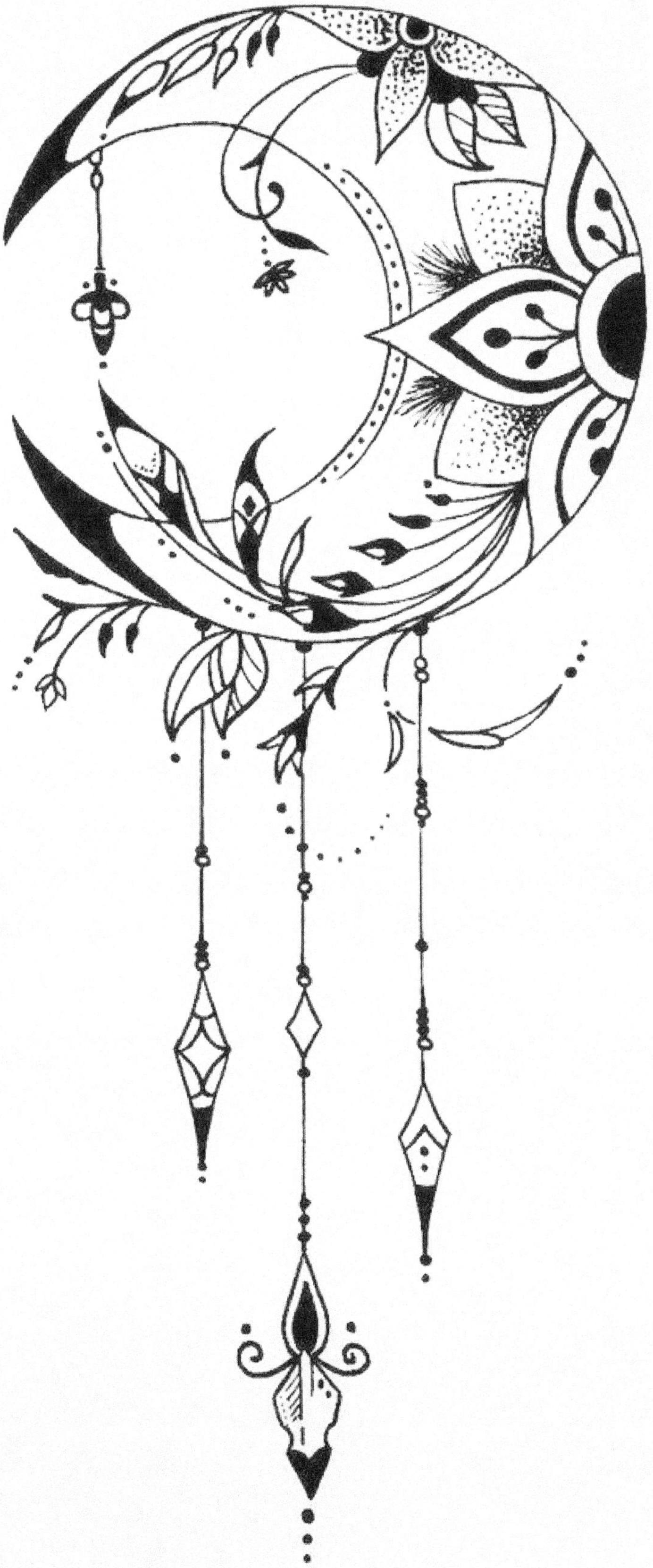

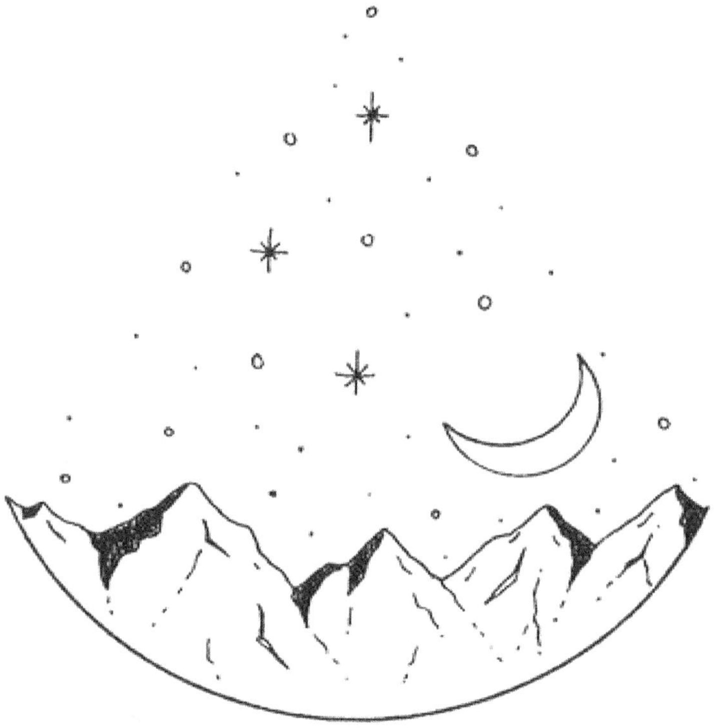

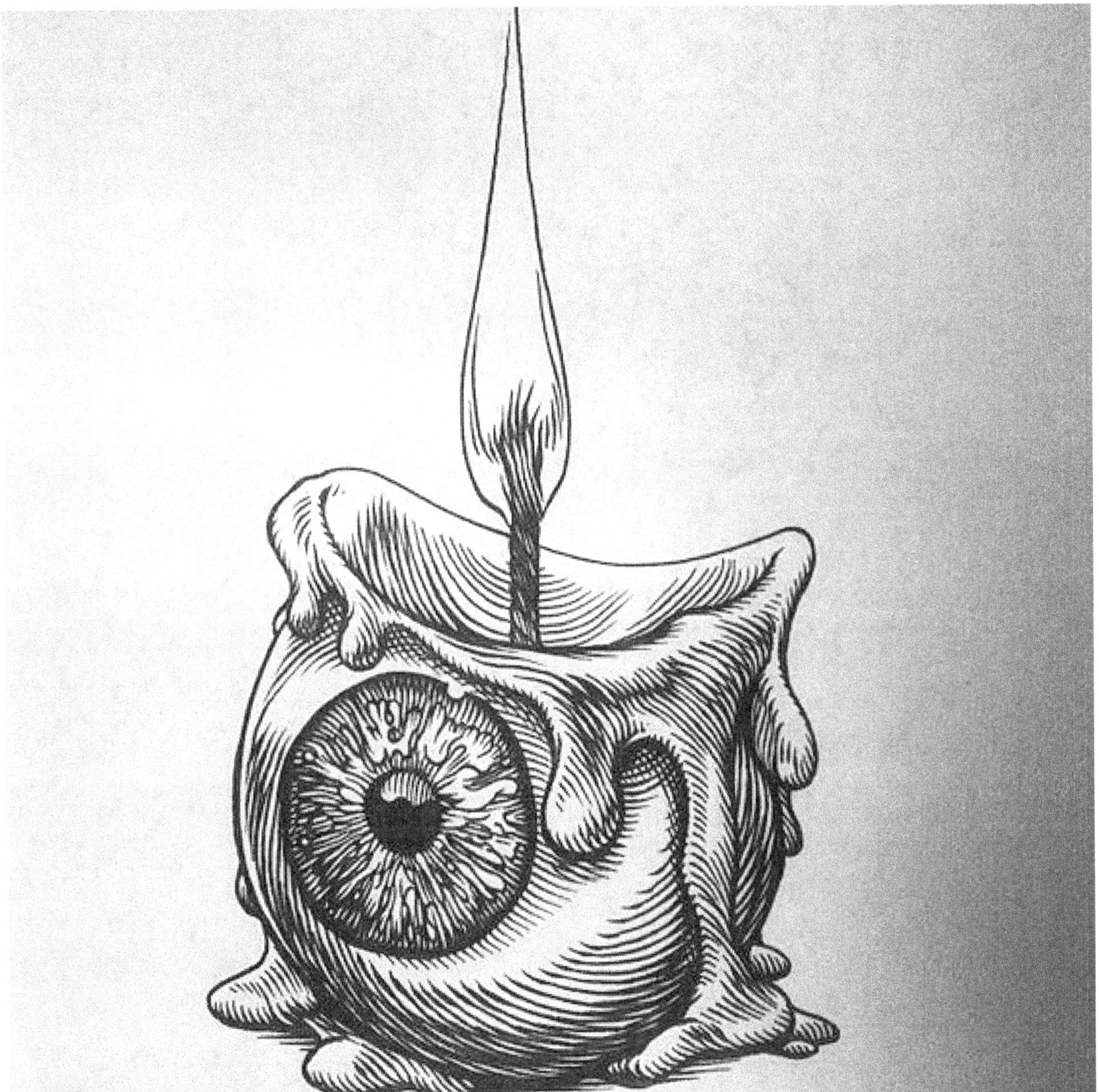

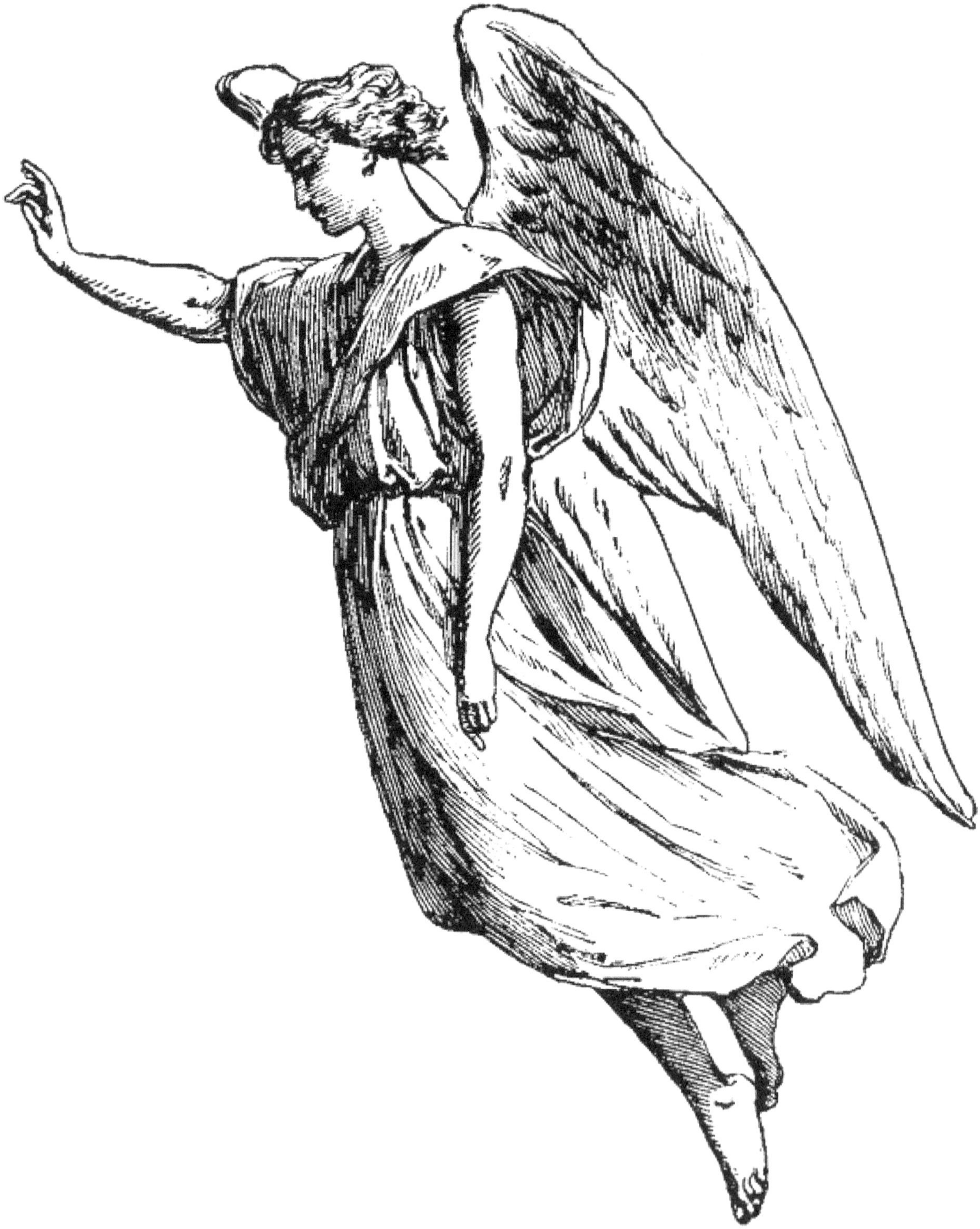

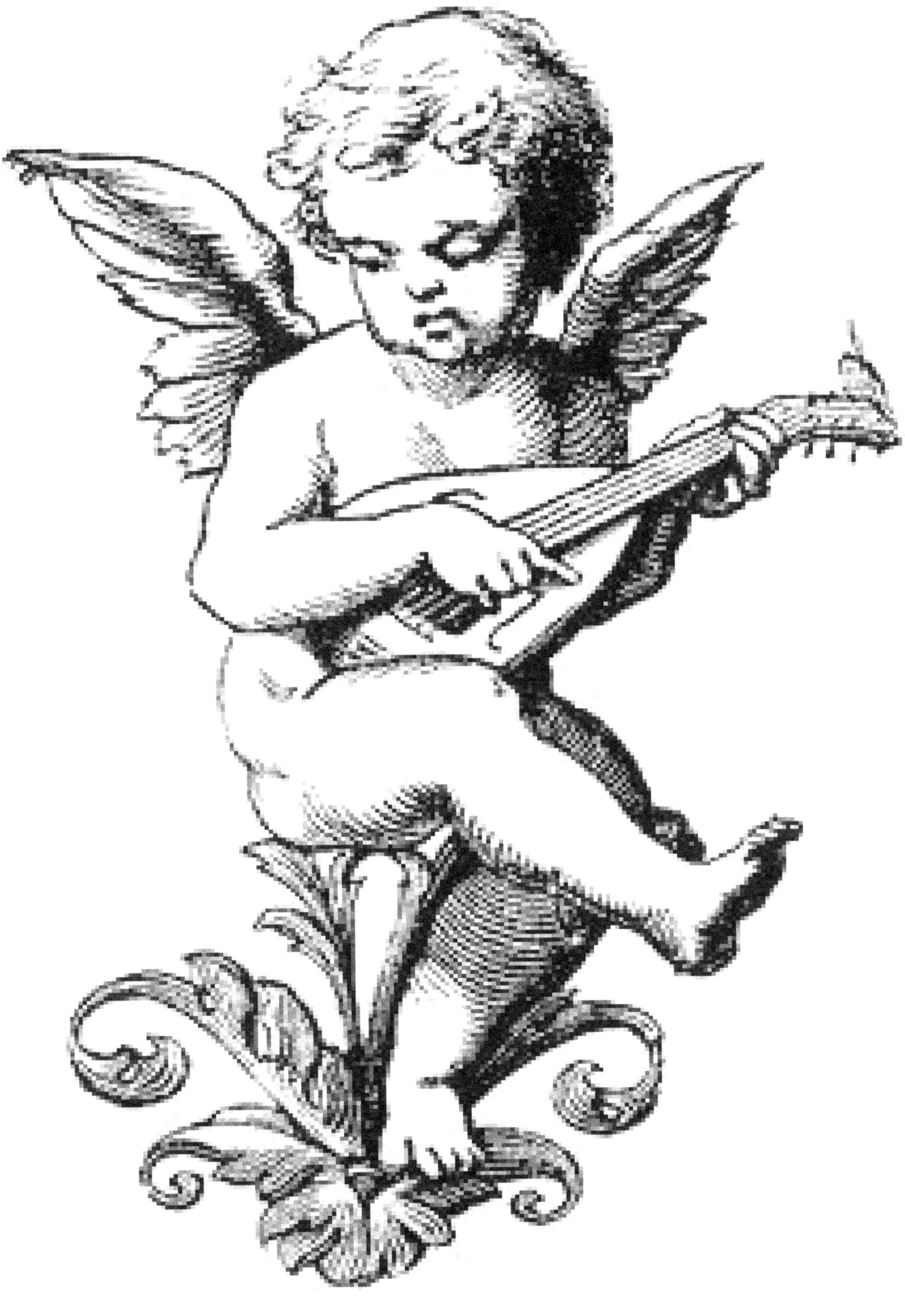

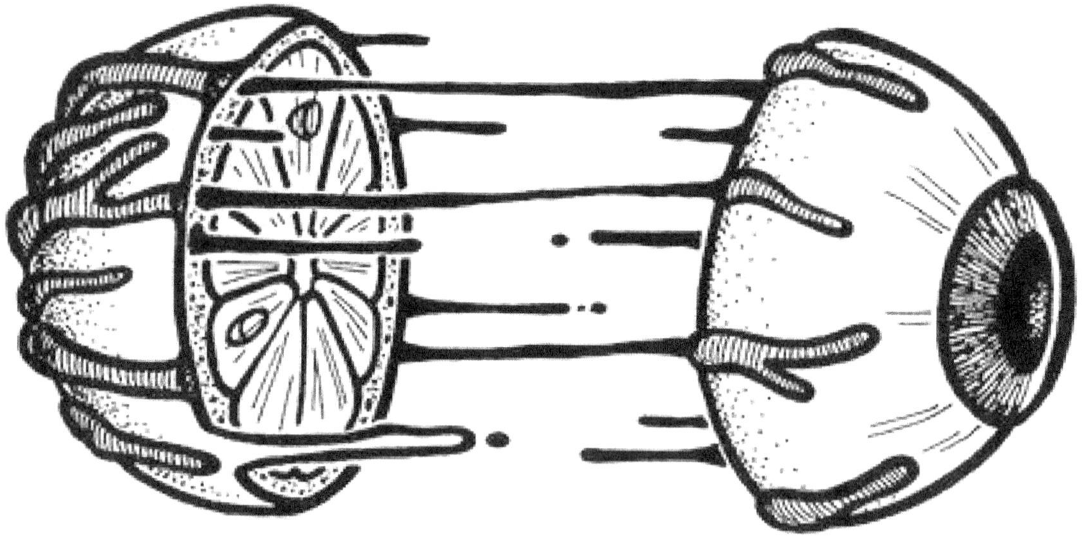

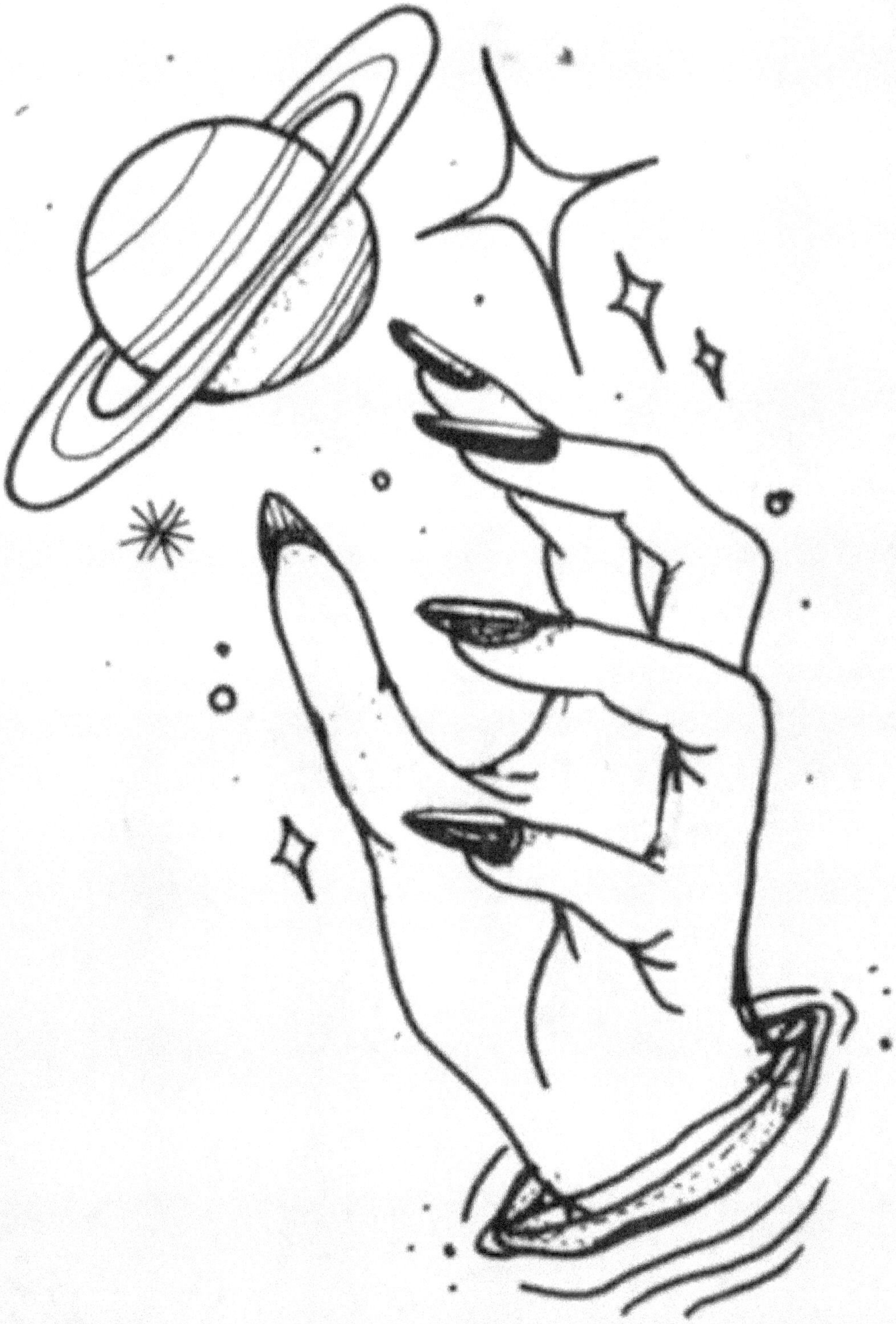

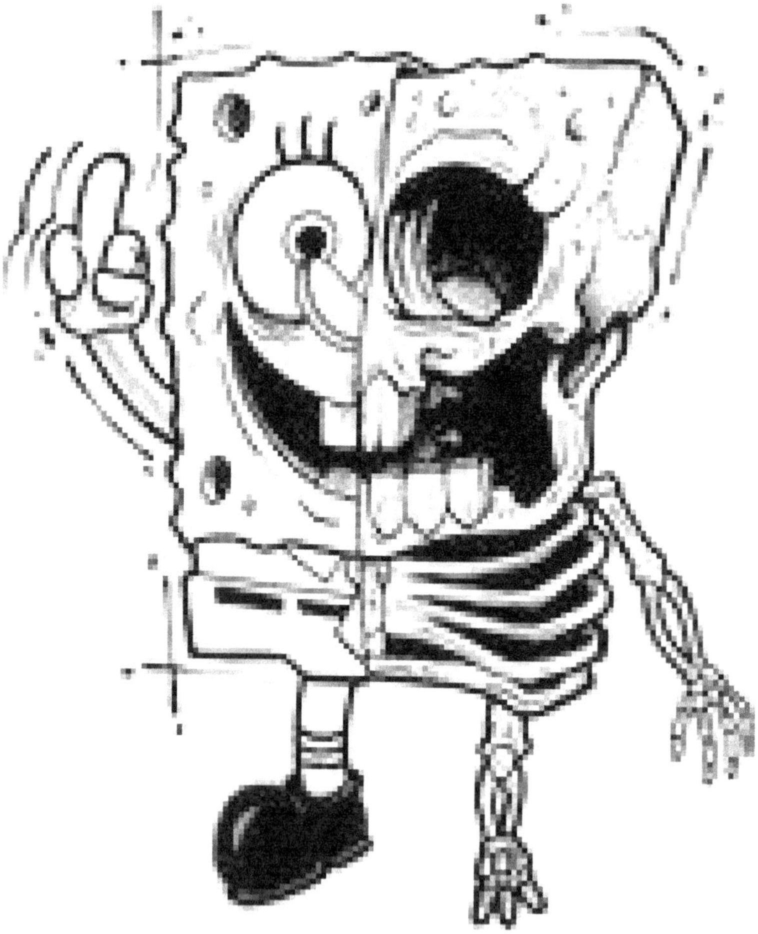

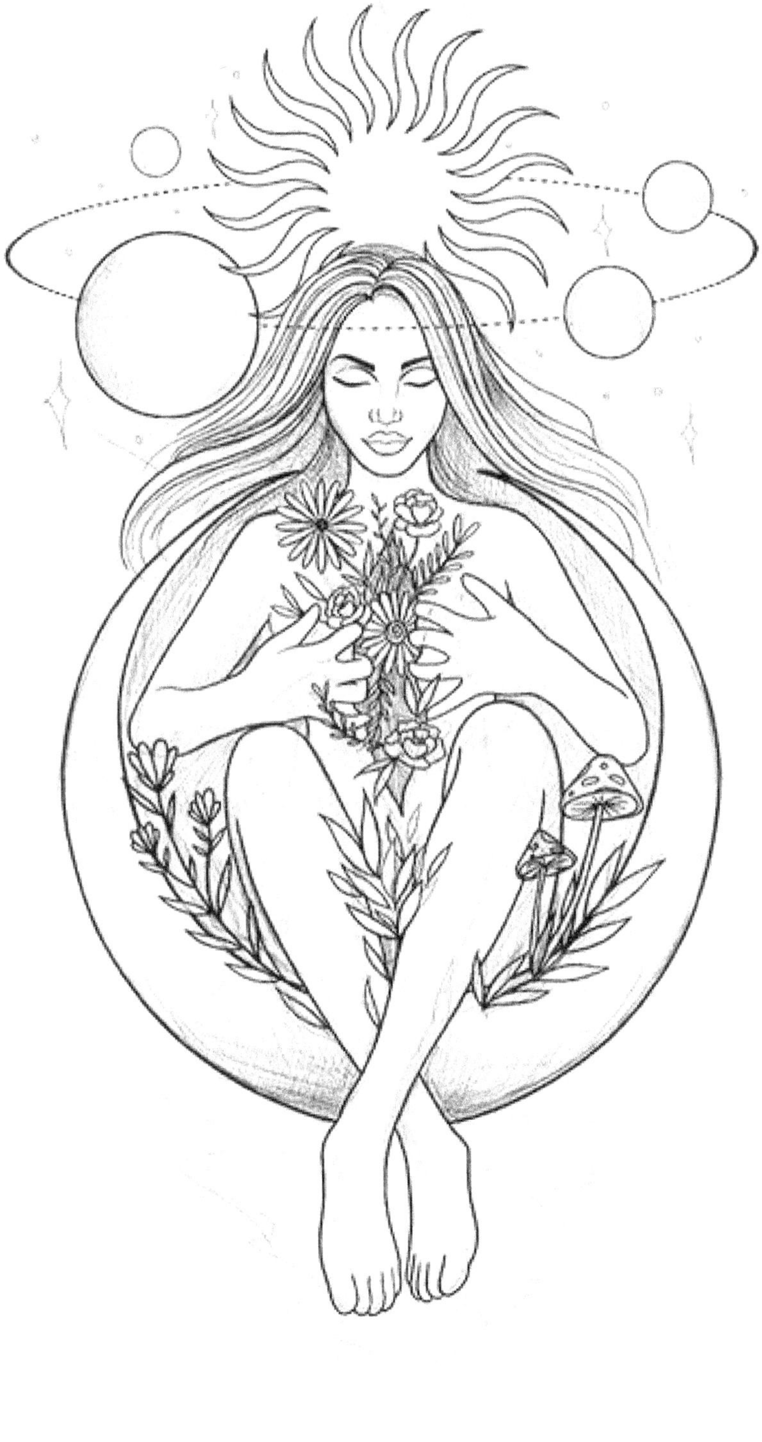

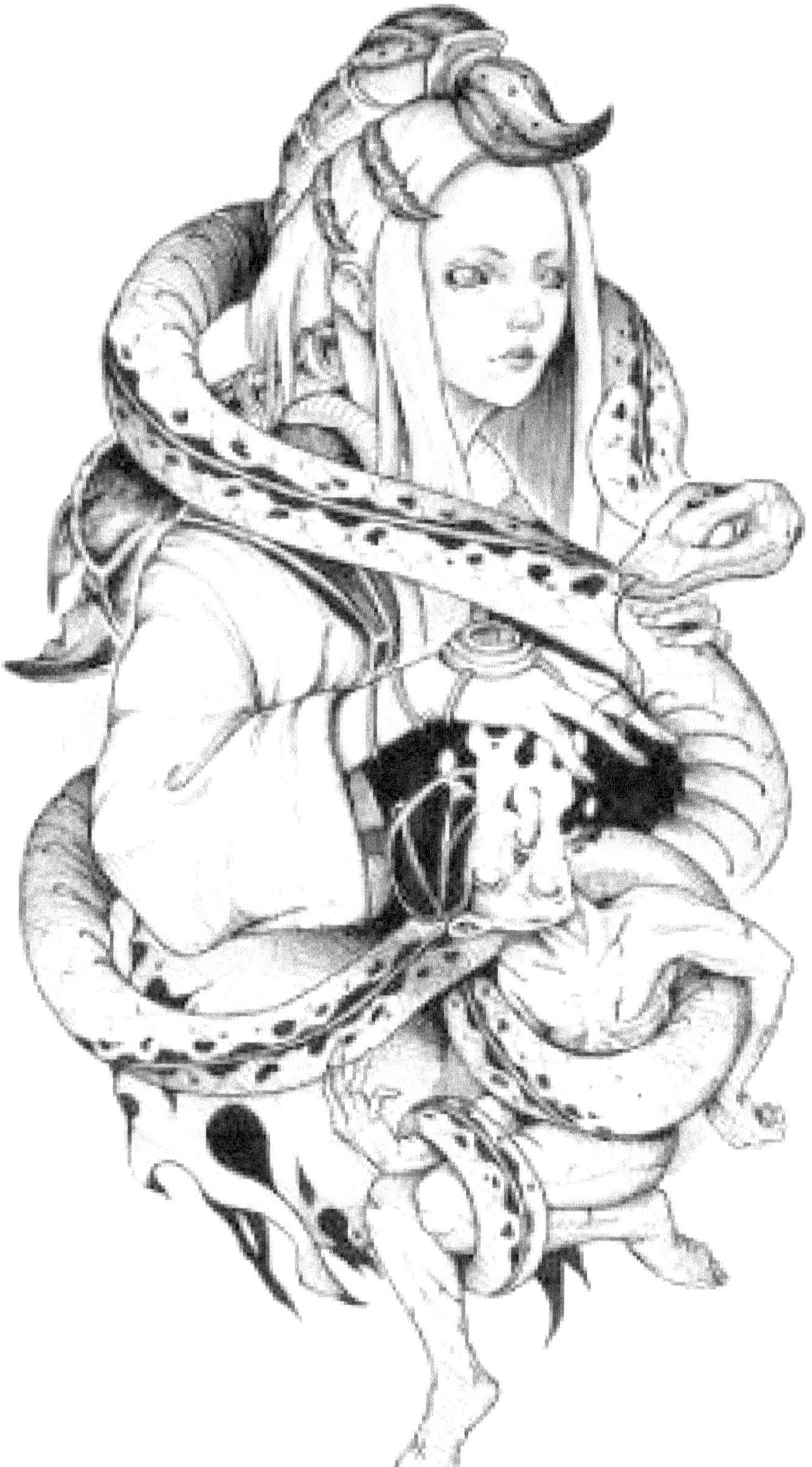

www.ingramcontent.com/pod-product-compliance—
Lightning Source LLC
Chambersburg PA
CBHW081103240526
45465CB00026B/3285
9798737510978